Valentina Tanni

RANDOM

LINK
EDITIONS

LINK Editions

Domenico Quaranta, *In Your Computer*, 2011

Valentina Tanni, *Random*, 2011

Miltos Manetas, *In My Computer – Miltos Manetas*, 2011

Valentina Tanni
Random

Publisher: LINK Editions, Brescia, May 2011
www.linkartcenter.eu

Printed and distributed by: Lulu.com
www.lulu.com

ISBN 978-1-4477-1182-7

«In art there are no schools, only hospitals.»

_ *Jean Cocteau*

Valentina Tanni (Roma, 1976) è critica d'arte, curatrice e docente. S'interessa principalmente di new media art e di editoria multimediale.
Ha curato numerose mostre, tra cui: la sezione di Net Art di *Media Connection* (Roma e Milano, 2001), le collettive *Netizens* (Roma, 2002) e *L'oading. Videogiochi Geneticamente Modificati* (Siracusa, 2003) e il progetto di residenza *Mediaterrae* (Avellino, 2007). Collabora con i festival di arti digitali *Interferenze* e *Peam* ed è curatore ospite di *FotoGrafia. Festival Internazionale di Roma* per la sezione "Fotografia e Nuovi Media" (edizioni 2010-2012). Nel 2009 ha fondato l'agenzia di servizi editoriali per il web Editees e dal 2011 fa parte dello staff editoriale di *Artribune*. Ha scritto per testate nazionali e internazionali e lavorato come docente per istituzioni pubbliche e private. www.valentinatanni.com

Valentina Tanni (Rome, 1976) is an art critic, curator and lecturer. She is mainly interested in new media art and multimedia publishing.
She curated many exhibitions and art projects, including: the Net section of *Media Connection* (Rome and Milan, 2001), *Netizens* (Rome, 2002), *L'oading. Genetically Modified Videogames* (Syracuse, 2003) and *Mediaterrae* (Avellino, 2007). She also collaborates with digital arts Festivals (*Interferenze, Peam*) and she's currently one of the guest curators of *FotoGrafia. Festival Internazionale di Roma* (photography and new media section 2010-2012). In 2009 she founded Editees, an agency that provides editorial services for the web and she is currently a member of *Artribune*'s editorial staff.
She wrote articles for national and international magazines and she worked as a lecturer for public and private institutions. www.valentinatanni.com

Index

Introduzione

Questo libro non era previsto. È arrivato come arrivano, improvvisamente, le necessità. Ha bussato alla porta e ha chiesto di venire al mondo, reclamando con forza la propria esistenza. Come tutte le cose non previste, ha una forma poco ortodossa, e i contenuti che ci troverete dentro non sono lineari. Più che un libro, è una testimonianza, un documento storico. Raccoglie una serie di testi eterogenei scritti in dieci anni di studio, ricerca, divulgazione. Se dovessi trovare una definizione unica, direi che si tratta di una cronaca per frammenti della mia passione per la new media art.

Era infatti il 2001 – l'8 agosto, per la precisione – quando pubblicai online la prima versione di **Random**, che nacque come un bollettino quotidiano sulla net art, uno spazio dove pubblicare ogni giorno una breve notizia su quello che gli artisti combinavano in rete. La net art era già in giro da qualche anno, ma nel panorama dell'editoria d'arte italiana era un argomento conosciuto più o meno quanto la biologia molecolare. Ebbi la fortuna, in quel periodo e per molti anni successivi, di lavorare per una rivista d'arte (l'*Exibart* dei tempi d'oro) che non solo era disposta a dare spazio all'argomento, ma che mi lasciò completa carta bianca nella gestione di ben due spazi editoriali: il già citato *Random* e una rubrica con articoli più estesi, a cadenza settimanale, che battezzai, con un gioco di parole illeggibile di cui mi sarei presto pentita, *ExiWebArt*.

Nonostante la nascita dei blog risalga a qualche anno prima (almeno al 1997), in Italia le prime piattaforme gratuite per la pubblicazione dei weblog fecero la loro comparsa proprio nel corso del 2001. *Random* però idealmente era già un blog, anche se ancora non lo sapevo. Nei suoi dieci anni di vita, ha cambiato indirizzo e impostazione grafica più volte, passando da una singola pagina a un piccolo sito in un sottodominio, fino a guadagnarsi uno spazio tutto suo all'indirizzo dove si trova attualmente: www.random-magazine.net.

Ma le metamorfosi che ha subìto non sono solo tecnologiche, ma anche e soprattutto, contenutistiche. Partito come uno spazio esclusivamente dedicato ai progetti d'arte in rete, ha poi allargato i suoi orizzonti al più ampio panorama della creatività digitale parlando anche d'installazioni, performance, video, musica elettronica, videogiochi. La redazione, poi, si è contratta ed estesa decine di volte: ho iniziato da sola, poi siamo diventati due, poi più di dieci, poi di nuovo due e infine, negli ultimi anni, ho ripreso la navigazione in solitaria. Come se non bastasse, anche la lingua è cambiata: italiano, poi italiano e inglese, poi solo inglese (motivo per cui anche qui dentro i testi sono un po' misti).

Ma perché stampare questo materiale su carta? Perché forzare tutti questi frammenti eterogenei in una forma che – diciamocelo – non gli è poi tanto congeniale? Perché a volte per accorgersi della strada percorsa bisogna fermarsi e guardare indietro. Perché è soltanto mettendo i pezzi tutti insieme, uno accanto all'altro, che si riesce a dare senso al quadro d'insieme. Mentre lavoravo alla selezione dei contenuti da pubblicare in queste pagine (si tratta solo di una piccola percentuale del materiale disponibile online) ho fatto moltissime scoperte. Mi sono ricordata di progetti importanti caduti nell'oblio troppo rapidamente; ho trovato definizioni e terminologie che abbiamo smesso da tempo di usare; ho avuto modo di ricostruire l'evoluzione di moltissime tendenze; ho scoperto influenze insospettate e precursori involontari. Tra il 2000 e il 2006, ad esempio, il numero di progetti di net art prodotti è impressionante, e nessun manuale potrà mai riuscire a renderne conto con pretese di esaustività.

Random, nel suo piccolo, ha fatto da radar; è stato un diario di bordo e una bussola in questa "navigazione contromano" attraverso le zone più insolite e creative di Internet.

I testi sono stati volutamente lasciati nella forma originale, anche quando la tentazione di fare aggiustamenti e correzioni era forte. Ci troverete qualche ingenuità, qualche termine passato di moda, qualche giudizio affrettato e più di una semplificazione. Ma anche entusiasmo, intuizione, ironia. Lo stile della scrittura è veloce e giornalistico, l'approccio è quello del reporter più che del saggista.

Ma la motivazione più importante che mi spinge a pubblicare questo libro è legata alla necessità di tramandare la storia di questi dieci anni di ricerca. Negli ultimi tempi, infatti, mi capita sempre più spesso di parlare con giovani artisti e studenti che si interessano di new media art oppure addirittura la fanno, ma non conoscono nemmeno una piccolissima percentuale dei progetti che trovate citati in questa raccolta. Dedico quindi il libro, prima di tutto, a loro, augurandomi che diventi una fonte di ispirazione e di meraviglia, un piccolo scrigno pieno di scoperte. E lo dedico a tutti i net artisti, passati, presenti e futuri: grazie per averci fatto riscoprire il significato della parola "avanguardia".

Roma, Maggio 2011

Introduction

This book came unexpected. It appeared suddenly, just like necessities do. It knocked on my door and asked to be born, strongly claiming its own existence. Like all unexpected things, it has an uneven form, and its contents are far from linear. More than a book, it's a record, an historical document. It brings together a series of heterogeneous texts written during ten years of study, research and dissemination. If I had to pick up a definition, I would say it's a fragmentary chronicle of the origins of my own passion for new media art.

I put online the first version of **Random** in 2001 – the 8th of August. It was a bulletin about net art, a public diary of my daily surfing sessions. Net art had already been around for a few years, but in the context of Italian contemporary art publishing, it was known as much as molecular biology would be. I was lucky enough to start working – and work for many years afterwards – for an art magazine (*Exibart*, then in its golden age) that was not only willing to host the topic, but also gave me total freedom and two content slots to fill. The first was *Random* and the other one was *ExiWebArt* (an unreadable name I would soon regret for), a weekly column that featured longer articles and insights.

Blogs were born a fews years before (around 1997), but in Italy the first free personal publishing platforms became available in 2001. *Random*, nonetheless, was already a blog, even if I didn't realize it at the time. Along these ten years, the project changed software, address and graphic layout many times, shifting from a single webpage to a little site hosted on a subdomain. Then, in 2005, it finally landed on the URL where you can access it now: www.random-magazine.net.

The changes were not only technical, though. The most important transformations concerned its content. *Random* was born as a magazine focused on net art, but after a few years it started to include other forms of digital creativity: video, installations, electronic music, videogames. The editorial staff also changed a few times: I started alone, then we became two, than ten and even more. Then again a few ones and, in the last three years, it was me alone again. To top it off, language as well wasn't stable: we wrote in Italian, then we went bilingual (Italian and English), to finally switch to English only (and that's why you'll find mixed contents in this book).

But why put ink on paper all this material? Why force all these assorted fragments in a format that's – let's deal with it – far from being the best one? Because sometimes, in order to realize how far you've gone, you have to stop and look back. And because only when you put all the little pieces together, side by side, you finally get the big picture.

While I was choosing the contents for this book (just a small percentage of the material you can find on the website is represented here) I made a million discoveries. I was reminded of important projects that have fallen into oblivion too soon; I found out definitions and terms we no longer use; I had the chance to trace the evolution of many trends; I detected unsuspected influences and unintentional forerunners. Between 2000 and 2006, for example, an impressive number of net art projects was released. No textbook will ever be able to register them with the pretense of being exhaustive.

In its own small way, *Random* acted as a radar, as a log and as a compass along this "surfing against the flow" through the most unusual, unconventional and creative areas of the web.

We deliberately chose to publish the texts in their original form, even when the temptation to make adjustments and corrections was strong. You might find some naive statements, a bunch of old-fashioned terms, a few hasty conclusions and more than a simplification. But you will also find enthusiasm, insight, and irony. The writing style is light and quick, the approach is that of the reporter rather than the essayist.

But the most important reason for publishing this book is the need to hand down the history of these ten years of research. More and more often, in fact, talking with young artists and students who are interested in new media art – or even make it – I realize that they never heard of most of the projects discussed in this collection of texts.

I dedicate this book to them in the first place, in the hope that it will become a source of wonder and inspiration, a little box full of surprises. Also, I dedicate it to all net artists, past, present and future: thanks for reminding us the meaning of the word "avantgarde".

Rome, May 2011

JODI.ORG: UN SITO CHE È UN'OPERA D'ARTE

Published On: April 15, 2000
Posted By: Valentina Tanni
Source: ExiWebArt

C'è un aspetto di Internet che forse pochi conoscono: il suo uso come mezzo per la creazione artistica. Sulla cosiddetta net art (nota anche come computer art, web art o new screen art) c'è ancora molto scetticismo e probabilmente pochi tra quelli che usano disinvoltamente queste definizioni sanno davvero di cosa si tratta...

I fraintendimenti nascono dalla difficoltà di distinguere tra semplici digitalizzazioni di opere preesistenti e veri lavori d'artista, creati appositamente con e per la Rete. Si può infatti parlare di net art solo quando il World Wide Web diventa il mezzo, la tecnica e il luogo di presentazione delle ricerche creative. Jodi.org è forse il progetto più noto e originale tra i moltissimi lavori artistici fruibili online. Entrare nel sito **www.jodi.org** dà l'immediata impressione di essersi persi per strada, di aver cliccato un tasto sbagliato; un brivido percorre la schiena al pensiero che il proprio computer possa essere andato in tilt. Vediamo comparire sul monitor ammassi di caratteri apparentemente senza senso su compatti fondi verdi, rosa o blu che sembrano errori tipografici, codici incomprensibili. Si procede quindi a caso, scovando parti cliccabili che il più delle volte non fanno altro che rimandare a pagine altrettanto enigmatiche: una serie di binari morti.

Joan Heemskerk e **Dirk Paesmans** sono la fantomatica coppia di artisti che dal 1995 gestisce il progetto **Jodi**, riscuotendo successo e approvazione, come testimoniano la vincita del *Webby Award* nel 1998 e la partecipazione a *Documenta*, equivalente tedesco della nostra Biennale. L'obiettivo dei due sembra quello di sovvertire tutti i criteri di compilazione delle pagine Web; la loro home page è infatti quanto di più lontano si possa immaginare da un sito informativo: non è utile e non è *user-friendly*. Joan e Dirk dichiarano di voler contrastare la seriosità della tecnologia, soprattutto l'edulcorato ottimismo dell'high tech corporativo, ed è per questo che i caratteri e l'impostazione generale del sito ricordano chiaramente i pc di prima generazione (ricordate i caratteri verdi su fondo nero?).

I due net artisti sono stati spesso accostati agli hacker e hanno circolato voci insistenti sulla presunta dannosità dei loro programmi, ma questo progetto non ha niente a che fare con il sabotaggio telematico; quello di Jodi è semmai un hackeraggio della mente. Heemskerk e Paesmans non fanno altro che giocare e mostrare con ironia l'impalcatura di caratteri, incomprensibili ai più, che sta dietro al nostro comodo desktop, con le sue simpatiche icone. Ci costringono così a prendere confidenza con il "rovescio" della tecnologia, con le viscere del pc, tra il groviglio di cavi e numeri.

Il progetto è vasto, estensibile, in continuo movimento; è infatti impossibile esplorarlo tutto e i percorsi sono sempre nuovi. Durante la prima settimana dell'attacco NATO in Serbia, ad esempio, l'home page di Jodi riportava una lettera dai toni paranazisti, che invitava la NATO a colpire altre città europee oltre a Belgrado. Se invece si andava a controllare il *document source*, cioè l'html della pagina, appariva un avviso ancora più provocatorio che tradotto suona più o meno così: "Questo aereo ha compiuto un'operazione illegale e sarà abbattuto. Se il problema persiste contattate il venditore dell'aereo." Si trattava di uno scherzo ispirato a un avviso che i ragazzini di Belgrado dai rifugi mandavano in giro per il mondo via e-mail.

Al momento è possibile scaricare dal sito un surreale gioco chiamato *SOD* che è perfettamente in linea con lo stile degli interventi precedenti. Tutto rigorosamente in bianco e nero, con una grafica minimale e volutamente arcaica, *SOD* è un gioco di cui non capirete lo scopo, né la tecnica di assegnazione dei punti, ma questo è il suo fascino. Quando si tratta di Jodi non è il caso di sforzarsi di capire il meccanismo, perché le cose non funzionano mai secondo logiche lineari e ci si può abbandonare alla casualità e al fascino della deriva.

LIFE_SHARING: 0100101110101101.ORG AL WALKER ART CENTER DI MINNEAPOLIS
Published On: February 15, 2001
Posted By: Valentina Tanni
Source: ExiWebArt

Dopo Opera Totale 6, svoltasi a Mestre il mese scorso, gli 0100101110101101.ORG sbarcano oggi, giovedì 15, a Minneapolis, dove presentano il loro ultimo progetto commissionato dal Walker Art Center...

life_sharing è un'opera estrema, di una portata simbolica eccezionale. È un manifesto per la libera circolazione dell'informazione e insieme un utopico appello alla condivisione totale delle risorse sulla rete. Per realizzarlo, gli **0100101110101101.ORG** sono disposti persino a rinunciare al loro rigoroso anonimato, che aveva finora avvolto la loro attività in un alone di mistero.

Il titolo, che può essere tradotto come "condivisione della vita", è un anagramma di *file_sharing*, opzione che permette appunto la condivisione con altri utenti del proprio hard disk.

Dal momento esatto in cui *life_sharing* è stato aperto, circa un mese fa, gli 0100101110101101.ORG hanno permesso agli utenti della rete, 24 ore su 24, di accedere all'intero contenuto del proprio computer. Hanno aperto l'archivio, i progetti, i software e persino la corrispondenza privata. "Il contenuto del sito non verrà aggiornato periodicamente, ma 0100101110101101.ORG lavorerà direttamente sul computer che è condiviso - il server - perciò il pubblico potrà seguire lo sviluppo dell'opera in tempo reale. Da questo punto di vista è un po' come se infiniti spettatori avessero accesso allo studio di un artista e potessero così assisterlo durante l'evolversi del suo lavoro, senza che quest'ultimo ne venga minimamente disturbato."

Si tratta di un'applicazione radicale dell'open source che sfida il concetto di privacy e invita alla riflessione sulle contraddizioni della proprietà intellettuale nell'era di Internet.

Nell'intera storia della cultura occidentale non era mai stato così semplice e rapido creare, manipolare e diffondere informazione come dopo l'avvento del World Wide Web. In questo mondo fatto di scambio, condivisione e flusso comunicativo, il copyright mostra i segni di un definitivo declino e impone un ripensamento radicale della questione. Bisogna ricordare che il diritto d'autore non è nato per proteggere le idee, ma la loro utilizzazione concreta e la loro trasformazione in oggetti materiali. Tuttavia oggi la "merce-informazione" è divenuta totalmente immateriale e viaggia alla velocità della luce trasformata in tanti zero e uno, impossibili da arrestare ed etichettare. 0100101110101101.ORG non propone una completa abolizione del copyright, ma la sua sostituzione con la GPL (General Public Licence). La GPL è un tipo di licenza che si applica nel campo dei software e che garantisce all'utente la possibilità di condividere un programma e anche di modificarlo, avendo accesso al codice sorgente. L'applicazione di questo tipo di licenza a tutta la produzione culturale permetterebbe di condividere "realmente e quotidianamente i beni intellettuali". E gli 0100101110101101.ORG, immaginando un futuro di libero scambio informativo e creativo, iniziano con la pratica (e non solo teorizzando) dando per primi il buon esempio.

Nella fase finale del progetto, poi, gli utenti potranno partecipare alla costruzione di un grande network offrendo anch'essi libero accesso al proprio hard disk, come succede con Napster e gli altri software *peer-to-peer*.

Il *life_sharing* si basa sulla condivisione delle risorse informatiche, ma è anche una condivisione della vita perché, in fondo, il nostro computer contiene le tracce dei nostri interessi, del nostro lavoro, della nostra personalità.

FUNERALE PER ETOYS, ETOY FESTEGGIA LA VITTORIA FINALE
Published On: March 21, 2001
Posted By: Valentina Tanni
Source: ExiWebArt

Il colosso dell'e-commerce dei giocattoli, la statunitense eToys, chiude definitivamente i battenti. etoy, collettivo di cyberartisti a cui tentò invano di sottrarre il dominio, festeggia ironicamente la morte del gigante rivale...

etoy è un gruppo di artisti europei esperti di software. I sette agenti che ne fanno parte hanno deciso di "lasciarsi il mondo reale alle spalle" per vivere e agire sulla Rete. Hanno rinunciato all'identità personale a vantaggio di quella della corporation etoy. Questa rinuncia è visibile anche attraverso il look unico adottato da tutti gli agenti: tuta nera, giubbotto arancione, testa rasata, occhiali a specchio.

L'azione che li ha resi noti è il *digital hijack*, un vero e proprio atto terroristico virtuale che nel 1996 "rapì" più di 600.000 internauti, dirottati sul sito di etoy mentre usavano normali motori di ricerca. Gli ignari navigatori, mentre effettuavano ricerche su Internet, venivano interrotti da una schermata lampeggiante seguita dall'apparizione di un tizio pelato e minaccioso che, puntandogli un enorme fucile a pompa in faccia, dichiarava: "Non fare una fottuta mossa! Questo è un rapimento digitale!".

Sono stati paragonati agli hacker, ma le loro azioni non sono criminose, né danneggiano in alcun modo sistemi e dati. L'obiettivo di etoy è la riflessione sul sistema dei media e sull'impianto teorico e strutturale del cyberspazio. Centrale nella loro filosofia è il concetto di shock comunicativo. Quello che conta è la risonanza mediatica del gesto, la sua portata simbolica, piuttosto che il messaggio o il contenuto.

Lo scopo del *digital hijack* era quello di scuotere la noia della Rete, mostrandone i limiti e le potenzialità inespresse. Un'operazione di sabotaggio che non usa virus, non danneggia l'hardware né il software, ma insinua dubbi nel tranquillo paesaggio mediatico quotidiano. Un virus psicologico che, attraverso un'azione shock, costringe a riflettere sul vero assetto della Rete e sul controllo del flusso informativo.

In questi giorni etoy invoca un minuto di silenzio per commemorare il fallimento di *eToys*, compagnia di giocattoli schiacciata di recente da un debito di oltre 274 milioni di dollari. Dal 7 marzo scorso, giorno in cui la corporation ha dichiarato definitivamente bancarotta, sul dominio dei cyberartisti svizzeri è in corso una mesta e sarcastica celebrazione, con tanto di epitaffio e marcetta funebre.

Uno schermo nero con una lugubre scritta: "Nasdaq Symbol [ETYS] 1999-2001" fa da introduzione a un esilarante testo in cui uno degli *etoy agent*, Gramazio, offre addirittura un posto nella corporation etoy all'ex CEO di eToys, Toby Lenk, ormai disoccupato.

La lunga battaglia legale e mediatica che ha visto protagonisti eToys e etoy ebbe inizio nel settembre del 1999, quando la multinazionale americana dei giocattoli si accorse dell'esistenza di un dominio troppo somigliante al suo, quello dei radicali cyberartisti svizzeri. Dopo aver tentato ripetutamente di acquistare il dominio, decisero di intraprendere un'azione legale contro etoy, sostenendo che il loro sito avrebbe potuto turbare qualche bambino che vi fosse capitato per caso (dimenticando di digitare la "s"), contenendo testi non adatti ai minori e un linguaggio scurrile. Il primo round legale finì con la vittoria del gigante dei giocattoli e la corte di Los Angeles ingiunse a etoy di chiudere immediatamente il sito, pena una multa di diecimila dollari per ogni giorno di ritardo nell'applicazione della sentenza.

EToys, nonostante avesse acquistato il proprio dominio con ben tre anni di ritardo rispetto a etoy, venne comunque riconosciuta vincitrice e gli agenti di etoy furono costretti a trasferirsi a un altro anonimo URL (http://146.228.204.72:8080), in quello che sembrava un inevitabile esilio. Subito dopo inviarono un'e-mail di denuncia che fece rapidamente il giro del mondo scatenando l'immediata reazione del popolo della Rete. Il contrattacco di etoy fu simbolicamente battezzato **Toywar,** una vera e propria guerra senza quartiere contro la multinazionale dei giocattoli che vide la partecipazione di oltre 2000 *etoy agent* impegnati in molteplici azioni di sabotaggio e disturbo. L'obiettivo, che era quello di ledere l'immagine di eToys a tal punto da far crollare le sue azioni in borsa, fu raggiunto in pochi mesi. Il 27 gennaio del 2000 la multinazionale, sfiancata dai continui attacchi e dalla scomoda risonanza mediatica della faccenda, si arrese e pagò 40 mila dollari di spese legali a etoy, che riacquistò entro breve tempo il dominio etoy.com. Subito dopo la vittoria uno dei componenti del gruppo dichiarò alla stampa: "È stato un piacere fare affari con un gigante dell'e-commerce come eToys!".

La riflessione sul rapporto tra arte e mercato è infatti un altro tema centrale nelle azioni di etoy. Il collettivo è strutturato come una vera e propria corporation, una società che produce arte e cultura, e le quantifica in titoli azionari (le ETOY.SHARES). Se l'arte digitale non genera dei prodotti nel senso tradizionale del termine, etoy vende se stessa come prodotto, utilizzando gli stessi paradigmi della *new economy*.

PRESERVING THE IMMATERIAL: CONSERVARE LE OPERE D'ARTE EFFIMERE
Published On: April 29, 2001
Posted By: Valentina Tanni
Source: ExiWebArt

Come conservare e archiviare un sito Web? Come far sopravvivere le opere d'arte tecnologiche alla rapidissima obsolescenza dei dispositivi? Artisti, critici e curatori hanno affrontato il problema in una tavola rotonda al Guggenheim di New York...

"Allowing art to expire is beautiful but stupid"
Jon Ippolito, 1999

Il problema della conservazione delle opere d'arte non oggettuali non è nuovo per le istituzioni che si confrontano con le strategie degli artisti contemporanei. La cosiddetta "dematerializzazione" dell'arte è un processo in atto da quasi mezzo secolo, e che abbiamo visto attuarsi in innumerevoli esperimenti: dagli happening alle performance, dall'arte concettuale alla videoarte, fino alla net.art. Trovare il giusto "contenitore" per conservare questo tipo di opere – o quantomeno una loro documentazione – rappresenta uno spinoso problema, che diventa di anno in anno più complesso man mano che le sperimentazioni artistiche si arricchiscono di dinamiche eterogenee e si avvalgono delle tecnologie più diverse. Una difficoltà in più è inoltre rappresentata oggi dalla rapida obsolescenza cui vanno incontro i dispositivi elettronici e informatici, costringendo il possessore dell'opera a un progressivo "adattamento" a nuovi supporti e nuove tecnologie.

Variable Media, l'iniziativa promossa dal Guggenheim Museum di New York, rappresenta dunque un coraggioso tentativo di immaginare delle possibili soluzioni e di approntare, di comune accordo con gli artisti, degli standard per una corretta conservazione e ri-esposizione delle opere "effimere". La conferenza si è svolta alla fine di marzo e ha visto la partecipazione di una folta schiera di professionisti del settore come **Steve Dietz,** curatore della sezione New Media del WAC di Minneapolis e **Benjamin Weil** dello SFMOMA, ma anche di artisti come **Robert Morris** e **Mark Napier.**

Nel tentativo di mettere a fuoco le diverse problematiche che ogni opera di volta in volta pone al curatore di turno, che si trova di fronte al difficile compito di conservarla ed esporla, sono stati individuati otto *case studies.*

Le opere analizzate vanno dalla performance di **Ken Jacobs**, all'installazione interattiva di **Felix Gonzales-Torres** fino ai website di Napier. Sono state inoltre individuate alcune categorie che permettono di raggruppare i lavori secondo la loro caratteristica più evidente e vincolante: installativa, performativa, interattiva, riproducibile, duplicabile, basata su un codice informatico, o *networked*, cioè dipendente ontologicamente da una Rete. Sulla base di queste caratteristiche sono state poi elencate quattro possibili strategie: archiviare, realizzare emulazioni dell'opera originale, trasferire su nuovi supporti, e soprattutto reinterpretare le esigenze di ogni lavoro cercando di rispettarne le caratteristiche audiovisuali e contestuali di partenza.

Durante la conferenza non ci si è limitati a discutere sulle possibili soluzioni, ma si è anche approntato un primo strumento concreto che possa venire in aiuto di istituzioni museali e collezionisti privati. Si tratta di un questionario standard tramite la cui compilazione ogni artista potrà esprimere indicazioni per il trattamento futuro della propria opera, suggerendo soluzioni per "riadattare" il lavoro una volta che il medium originale non sia ripristinabile o sia divenuto obsoleto.

DATA DIARIES: MEMORIE IN DIGITALE
Published On: March 5, 2003
Posted By: Valentina Tanni
Source: ExiWebArt

Un diario realizzato utilizzando i dati che passano ogni giorno nel computer. L'artista americano Cory Arcangel trasforma la RAM dell'elaboratore in un filmato astratto e ipnotico. Il subconscio della tecnologia...

La memoria è un tema caro agli artisti contemporanei. Per chi utilizza il computer e le reti, tuttavia, la questione acquista un'accezione differente, confrontandosi da un lato con il meccanismo puramente tecnico dell'archiviazione dei dati (la memoria dell'elaboratore), dall'altro con l'espansione della sfera umana dei ricordi attraverso le nuove tecnologie.

Cory Arcangel, *computer artist* americano noto per il suo riutilizzo creativo di videogiochi e tecnologie obsolete (come *console* Nintendo e Atari), è l'autore della nuova commissione dell'organizzazione statunitense *Turbulence*, da anni dedita alla promozione della Net Art. Il progetto si chiama *Data Diaries* ed è un diario di un mese di vita digitale dell'artista, realizzato archiviando i dati passati per il suo computer nel mese di gennaio. Pagine Web, e-mail, documenti e traffico binario contenuti nella RAM dell'elaboratore sono stati trasformati da Arcangel in 31 filmati "facendo credere al player Quicktime che la memoria del computer sia un video". Il risultato sono 11 ore di astratte e rumorose combinazioni di pixel in movimento, visibili nella versione a colori o in bianco e nero.

Alex Galloway, nella sua introduzione al progetto, sottolinea come la conversione dei dati da un formato a un altro - quello che **Lev Manovich** nel suo *Il linguaggio dei nuovi media* ha chiamato *transcoding* – sia alla base di moltissimi progetti Web degli ultimi anni, compreso *Carnivore* dei suoi **RSG**. Il flusso del codice binario, considerato come materia prima grezza – che si tratti di testi, immagini o suoni – viene manipolato dai net artisti alla ricerca di inedite e stimolanti alternative a una visualizzazione consueta. L'informazione processata dai computer è infatti composta da stringhe di codice binario e la sua facilità di trasmutazione produce effetti imprevedibili e affascinanti.

Le parole del dizionario venivano trasformate in ambienti tridimensionali da **Marek Walczak** e **Martin Wattenberg** nel progetto *The Apartment* (2001); **Mark Napier** ci permetteva di vedere gli 0 e 1 mutandoli in un'ipnotica nuvola di pixel bianchi e neri (*Black and White*,

2002) e gli italiani **Limitezero** arrivano quasi a farci "toccare" il flusso di dati nell'installazione interattiva *Ordine & Chaos*.

Il lavoro di Arcangel, che è la continuazione del suo *RAM Project* del 2000, nasce da un'attitudine hacker e smanettona, di cui conserva il sapore ludico e sfrontato. Il gusto è sempre quello di mettere le mani sulla tecnologia e fargli fare cose per cui non era stata originariamente programmata. Così la RAM di un computer di casa può diventare videoarte, mostrandovi la macchina che digerisce ed elabora dati o, come preferisce l'autore, "che soffoca e urla contemporaneamente".

SCREENFULL.NET

Published On: May 11, 2005
Posted By: Valentina Tanni
Source: ExiWebArt

Per una volta i contenuti non scarseggiano. Anzi, sono decisamente troppi. Così tanti che il browser non li contiene e crolla. Sconfitto da troppe immagini, troppi video, troppi link. Due net artisti esplorano l'estetica del collasso. E sfidano il vostro computer...

Lo schermo è ipertrofico, sovraffollato, traboccante. Zeppo di scritte, immagini, video e link colorati. La finestra del browser è talmente bersagliata di codice che crasha inesorabilmente. Sconfitta. Abbattuta sotto i colpi di centinaia di istruzioni confuse e sovrapposte. Dell'inevitabile disfatta del programma di navigazione ci avverte prima di tutto un suono, incantato e ripetitivo come uno scratch *old school*. Seguito da un blocco totale.

Una composizione che fa pensare più a un montaggio ragionato che a un *cut-up* casuale, fatto di riferimenti che nemmeno il rumoroso affollamento riesce a offuscare del tutto. La tanto celebrata capacità degli elaboratori di gestire contemporaneamente testi, immagini e suoni viene qui portata all'esasperazione e al paradosso. Ed è l'eccesso di contenuti – quei contenuti additati da molti come la vera risorsa dello sviluppo economico – che conduce il software verso una morte inevitabile.

Sarebbe fin troppo semplice leggere questo crollo come una metafora dell'ipertrofia informativa della società contemporanea. Meno evidente, forse, ma non per questo meno stimolante, il possibile parallelo con il funzionamento della psiche umana, anch'essa soggetta a crash da sovraccarico. L'invasione "barbarica" incontenibile di *Screenfull* ha invaso in questi giorni anche le pagine del blog di *Eyebeam*, nota istituzione newyorchese che studia, sostiene ed espone la new media art. Sul diario digitale del museo (*Re:blog*) , che ogni mese ospita un blogger differente, è infatti in azione il virus ultracontenutistico di **Jimpunk** e **Abe Linkoln** che rende il sito poco leggibile, ma molto vitale. Per chi avesse crashato il browser, ma non fosse ancora soddisfatto, è a disposizione anche l'ebook del progetto, scaricabile in formato pdf. Il documento è lungo una sessantina di pagine, ma sarà difficile riuscire a sfogliarlo tutto in una volta prima che si blocchi o si chiuda da sé. In bocca al lupo Acrobat Reader.

IL RETRO-FUTURO DELL'ARTE DIGITALE
Published On: October 12, 2005
Posted By: Valentina Tanni
Source: ExiWebArt

Fiamme che cantano e lampadine che suonano. Ad Ars Electronica, uno dei festival più importanti per l'arte digitale, i progetti più ammirati hanno un look retrò. Mescolano presente e passato, analogico e digitale, tecnologico e organico. E il progetto più interessante fa dialogare la preistoria con la fantascienza...

Quattro gabbie per uccelli allineate contro il muro. Davanti, una linea gialla tiene i visitatori a debita distanza. Il rischio è quello di prendersi una potente scossa. Dentro ogni uccelliera arde infatti una fiamma bluastra, tenuta in vita da un gas. Una membrana, tesa sopra alla fiamma, insieme a dei campi elettrici opportunamente modulati, permette il piccolo miracolo. Il fuoco si trasforma in un amplificatore di suoni, e diffonde nel museo discorsi politici di Mussolini, Roosevelt, Hitler e Stalin, mescolati con soavi cinguettii. *Firebirds* – questo il titolo dell'opera dello statunitense **Paul DeMarinis** – è uno dei progetti premiati all'ultima edizione del Festival Ars Electronica di Linz, svoltosi ai primi di settembre. Ed è un esempio, insieme a numerosi altri, dell'interesse crescente, nel campo della tecnoarte, per gli esperimenti scientifici meno noti, per le tecnologie desuete o mai decollate, per i materiali organici e insoliti, per un approccio ingegneristico low tech. "È un trucco che qualunque insegnante di scienze conosce", ha commentato DeMarinis a proposito del funzionamento del suo lavoro, ispirato agli esperimenti ottoceschi di Chichester Bell, "ma non è sfruttabile a livello commerciale, così è rimasta una tecnologia orfana".

Un altro lavoro che utilizza la luce per produrre effetti sonori è *condemned_bulbes* del collettivo canadese **Artificiel**, installazione premiata – come *Firebirds* – nella sezione *Digital Music* del festival austriaco. Qui, a funzionare da strumenti musicali sono delle grandi lampadine, e i suoni nascono dalla manipolazione della tensione elettrica. Anche in questo caso, nonostante la presenza di computer addetti al controllo di ogni singolo "bulbo sonoro", l'aspetto, l'ispirazione e l'atmosfera dell'installazione rimangono inesorabilmente analogici.

Ma il progetto che ha focalizzato, a ragione, l'attenzione di tutti (anche quella della giuria, che gli ha assegnato un premio speciale) è *Strandbeest*, dell'olandese **Theo Jansen**. Da oltre dieci anni, Jansen costruisce "bestie da spiaggia", grandi animali scheletrici creati assemblando tubi di plastica e altri materiali. Ciò che sorprende di queste creature, che vengono battezzate con una tipica nomenclatura zoologica (nomi come *Animaris Rhinoceros* e *Animaris Percipiere*), è la loro capacità di muoversi. Esse camminano, corrono e "vivono", alimentate dalla sola forza motrice del vento, utilizzata in maniera diretta, oppure immagazzinata e rilasciata successivamente in modo graduale grazie ad un sistema di "serbatoi-polmoni" e pistoni.

Sono stati in molti a chiedersi, in un primo momento, la ragione della presenza di un lavoro apparentemente tutto analogico in una competizione dedicata all'arte elettronica. In realtà, *Strandbeest*, pur nel suo look artigianale e arcaico, sottende molta tecnologia. Tutte le creature vengono disegnate da Jansen al computer e poi selezionate tra tutte le possibili varianti secondo un criterio che potremmo definire "evoluzionistico". Jansen sta infatti costruendo una nuova e autonoma forme di vita, dotando i suoi animali (che ormai contano oltre 30 specie) di sempre maggiore "intelligenza" e capacità di autogestione.

Se i primi esemplari, ad esempio, si muovevano solo in presenza di forti correnti eoliche, oggi le creature sono in grado di regolare la propria energia, accumulandola e poi rilasciandola quando la forza motrice è assente; sanno aggirare gli ostacoli e mettersi al riparo dalle tempeste. Il fascino di questo lavoro, così ricco di suggestioni e implicazioni concettuali, sta nell'ardita fusione di preistoria e futuro. Jansen costruisce fossili che si evolvono e sembra di vedere Leonardo da Vinci alle prese con l'intelligenza artificiale.

SPAM, LOVELY SPAM
Published On: January 16, 2006
Posted By: Valentina Tanni
Source: ExiWebArt

Invadente, fastidioso e costoso. Lo spam è un protagonista ineludibile della "vita sullo schermo". Con il suo catalogo strampalato di beni e servizi. Dalle pillole ai finti rolex, dalle lotterie miliardarie ai metodi di allungamento e allargamento di parti anatomiche. E se filtri e bloccaggi non funzionano, a rispondere ci pensano gli artisti...

C'è il principe nigeriano che invia improbabili proposte finanziarie, il dottorino in camice bianco con le sue pillole miracolose, e naturalmente – classico dei classici – l'esperto di sesso che promuove espedienti per l'allungamento del pene o la duplicazione della taglia di reggiseno. E poi mutui a prezzi stracciati, lotterie miliardarie, amicizie facili, diete miracolose, cartucce per la stampante, sigarette, orologi di marca. Gli stereotipi dello spam sono ormai entrati a far parte dell'immaginario collettivo e sono sempre più familiari ai frequentatori della Rete. Invadente, invasivo, impossibile da sconfiggere – nonostante filtri e bloccaggi – il fenomeno della posta indesiderata rappresenta ormai, secondo stime recenti, più della metà del traffico giornaliero di e-mail. E oltre a innervosire, impensierire e a volte anche a infettare (su 100 mail di spam, 5 hanno un virus), grava pesantemente sui bilanci delle aziende.

La regola numero uno del decalogo anti-spam, si raccomandano gli esperti di sicurezza, è "non rispondere mai". Viceversa, infatti, non si farebbe che confermare allo spammer che l'indirizzo è attivo e pronto a ricevere altre mail spazzatura. Ma c'è qualcuno che ha deciso di contravvenire a questa basilare regoletta. Così, per vedere l'effetto che fa. Lui si chiama **Jonathan Lands** e, manco a dirlo, è un artista (collabora, tra le altre cose, con i **Negativland**). Esasperato, ma anche incuriosito dai possibili effetti della "performance", ha deciso di rispondere a tutti i messaggi ricevuti. Uno per uno. E molto seriamente. Il risultato, riunito in un sito e in un libro, è una spassosa e surreale raccolta di corrispondenza, battezzata con piglio aulico *The Spam Letters*. Lands si cala di volta in volta nei panni dell'avvocato, del medico, del pastore, della donna; inventa storie e racconta assurdità; risponde argomentando dettagliatamente oppure provoca con sarcasmo. Il progetto, dalle insospettabili qualità letterarie, si sforza di riutilizzare in modo creativo un fenomeno che viene vissuto a tutti gli effetti come un sopruso, una violenza, una prepotenza che subiamo disarmati. Un modo per "rispondere", letteralmente ma anche metaforicamente, agli effetti collaterali generati dal capillare sistema dei media.

Please do not spam art, invece, firmato da **Roman Minaev** di *Trashconnection.com* è un software che permette di generare e inviare messaggi di spam costruendoli "artigianalmente", lettera per lettera. Ma il progetto più ambizioso sul tema è *First Person Spam* (reinterpretazione della sigla videoludica FPS – First Person Shooter). Si tratta di un'installazione che permette al fruitore di muoversi, come in un videogioco in soggettiva, in un ambiente tridimensionale fatto interamente di spam.

L'autore, il tedesco **Malte Steiner**, ha collezionato per mesi immagini e testi arrivati nella sua casella e-mail e li ha assemblati in un'architettura virtuale. La stanza, dotata di sensori sul pavimento, si trasforma in un vero e proprio "inferno" pubblicitario: lo spam, oltre a tappezzare le pareti, genera anche creature maligne, che il giocatore deve evitare per proseguire nel percorso.

Indigesto e onnipresente come la carne in scatola da cui prende il nome (SPAM = spiced ham, una specie di Manzotin per capirsi), vero incubo alimentare per il Regno Unito in tempo di guerra, il virulento tsunami pubblicitario che subiamo quotidianamente portava già nel suo DNA una molecola di ironia allo stato puro. Non tutti sanno, infatti, che la decisione di ribattezzare la posta indesiderata con il nome del britannico maiale in lattina la dobbiamo ad un surreale e comicissimo sketch dei **Monty Python**. Nella scenetta, parte della popolarissima serie tv *Flying Circus* andata in onda negli anni Settanta, i protagonisti sono alle prese con un ristorante in cui tutte le pietanze sono a base di Spam. Tra una gag e l'altra, la parola incriminata finisce per essere pronunciata 94 volte in 3 minuti. La canzoncina, entrata ormai nella storia, ritornella così: "Spam spam spam spam. Lovely spam! Wonderful spam!". Allora come oggi, istruzioni artistiche su come "smettere di preoccuparsi e imparare ad amare lo spam".

IDOLI IN PLAYBACK

Published On: June 12, 2006
Posted By: Valentina Tanni
Source: ExiWebArt

Nel 1969 Bruce Nauman, con la telecamera puntata in primissimo piano sulla bocca, pronunciava a ripetizione l'espressione "lip sync", facendo slittare l'audio fuori sincrono. Erano gli anni in cui la videoarte cercava una strada alternativa alla tv commerciale, e tentava di appropriarsi, per la prima volta, dei mezzi di comunicazione. Oggi gli strumenti sono più che mai a disposizione. E il lip-synching è la mania del momento. Dove? Sul Web naturalmente...

Il capostipite del genere è senza dubbio **Gary Brolsma**, diciannovenne americano salito agli onori della cronaca per aver cantato in playback davanti alla sua webcam l'inno pop rumeno degli O-zone, *Dragostea Din Tei*. Il video della sua irresistibile performance (subito ribattezzata *Numa Numa Dance*), condita da un esilarante balletto fatto di mossette, smorfie e sopracciglia inarcate, ha fatto il giro del Web, diventando il filmato più visto e scaricato del 2005. Da allora il fenomeno è dilagato, e tra le migliaia di video virali (ribattezzati così per l'evidente contagiosità dei contenuti e per la rapidissima diffusione) che circolano in rete, il genere del *lip-sync* la fa da padrone. Formando una vera e propria generazione di aspiranti *Web idol*, che, dal chiuso della propria stanza si esibiscono sulla ribalta delle reti, in cerca del warholiano quarto d'ora di celebrità.

Il potenziale creativo e la forza comunicativa di questi prodotti, che stanno tutti, manco a dirlo, nel carattere amatoriale – da dilettanti allo sbaraglio – sono stati ormai ampiamente recepiti dal mondo dei media tradizionali, nonché dall'industria dell'*advertising* di tutto il mondo. Il *viral marketing*, nato per rivitalizzare un settore sempre più a corto di idee e a rischio offuscamento a causa del crescente *overload* comunicazionale, fa infatti spesso ricorso a contenuti amatoriali e al cosiddetto *user-content*. Basti pensare, per rimanere sul suolo italico, ai mini spot-tormentone al grido di "Italia Uno", o ai trailer demenziali che ritmano i palinsesti di Mtv.

L'americano **Jonah Peretti**, direttore del dipartimento Research & Development al centro d'arte digitale Eyebeam di New York, ha coniato per fenomeni di questo tipo la definizione "media contagiosi". Secondo Peretti, infatti, "il capitalismo globale ha prodotto centinaia di migliaia di lavoratori da ufficio annoiati, che siedono di fronte al computer, inoltrando email e navigando per il Web, creando inconsapevolmente un network: il *Bored at*

Work Network (BWN): la più grande alternativa ai media *corporate*". Il suo Contagious Media Project invita artisti, attivisti e hacker a servirsi consapevolmente di questo potentissimo canale di comunicazione, producendo contenuti virali *ad hoc*.

E non c'è da sorprendersi dunque, se la seconda "Lip-Sync Legend" (così si appella Brolsma dalla sua home page) dell'anno, i cinesi **Back Dormitory Boys**, sia stata ingaggiata dalla Motorola come testimonial per pubblicizzare i propri telefoni cellulari. I due ragazzi hanno girato un video in cui fanno il verso ai Backstreet Boys cantando la mielosa hit *I want it that way*, corredando l'esibizione di regolamentare balletto. In rossa divisa da basket (uno dei due con un braccio ingessato), sullo sfondo la stanza del college. Particolare surreale, che rende il quadretto ancora più efficace, è la presenza di un terzo studente, che se ne sta tutto il tempo di spalle, davanti a un computer, totalmente assorbito da un videogame FPS, incurante della bizzarra performance dei compagni. La virulenza del fenomeno, in questo caso, è andata molto oltre rispetto al caso Brolsma. Basta infatti cercare "Backstreet Boys" nel motore di ricerca di Google Video o Youtube (due servizi che permettono agli utenti della rete di *uploadare* e condividere filmati di ogni genere) per trovarsi di fronte a centinaia di emuli dei "ragazzi del dormitorio". Ecco spuntare *backstreet boys* danesi, olandesi, polacchi, filippini, giapponesi, arabi. E poi bambini, ragazze, versioni gay o hip hop. E persino parodie della parodia (*spoof*), come quella degli spagnoli **Buenafuente**, che rimettono in scena, con tanto di costumi e trucco, l'ormai celebre video dei Back Dormitory.

Ad "ufficializzare" la popolarità del fenomeno *lip-synching* è arrivato addirittura un concorso, battezzato ironicamente *Google Idol*. Centinaia di video amatoriali si sono sfidati in una *competition* durata diversi mesi, che ha visto vittoriosa una coppia di ragazzine olandesi, **Pomme & Kelly**, impegnate in una scatenatissima versione dell'inno black femminista *Respect*, muovendo le labbra sulle stratosferiche altezze vocali di Aretha Franklin.

LE NUOVE COSE (IN)ANIMATE
Published On: July 17, 2006
Posted By: Valentina Tanni
Source: ExiWebArt

Gli oggetti non sono più quelli di una volta. Non più isolati e silenziosi, impermeabili alla comunicazione, oggi parlano, trasmettono e ricevono dati, collegandosi tra loro. È la nuova "Internet delle cose", ultima frontiera della rivoluzione digitale. La tecnologia del momento sono i chip RFID. E come sempre, gli artisti non stanno a guardare...

"Ora che abbiamo conquistato il mondo fatto di bit, dobbiamo riformare quello fatto di atomi. Non l'immagine simulata sullo schermo, ma la realtà corporale, fisica. Non curve matematiche e *rendering*, ma cose grosse e pesanti, che possono essere afferrate e tirate. Questo è l'universo che deve essere conquistato. Perché il mondo non può cavarsela da solo. Non è sostenibile, non ha futuro."
(Bruce Sterling)

Sarà sempre più difficile nel prossimo futuro parlare di oggetti inanimati per descrivere il mondo delle cose. Già oggi molti degli oggetti che ci circondano sono dotati di sensori e microchip, trasmettono e ricevono informazioni, interagiscono con le persone e l'ambiente. Andando a formare un complesso universo fisico interconnesso che è stato suggestivamente battezzato *The Internet of Things*, la rete delle cose.

Lo slogan è stato coniato dall'Auto Id Center, organizzazione di ricerca con sede al MIT di Boston che promuove lo studio e l'applicazione della tecnologia chiave di questo processo: la RFID (Radio Frequency Identification). Si tratta, in sostanza, di un'evoluzione del vecchio codice a barre; le nuove etichette elettromagnetiche (dette anche RFID tag o transponder) permettono di identificare oggetti, persone o animali, oltre che di tracciarne l'esatta collocazione. Il tag è composto da un microchip che contiene informazioni (natura dell'oggetto, provenienza, caratteristiche, istruzioni per l'uso, destinazione), ma anche da un'antenna per ricevere e trasmettere dati a distanza. Questa tecnologia viene utilizzata ad esempio per la gestione delle merci in viaggio da un magazzino all'altro, nei sistemi anti-taccheggio di negozi e supermercati, nelle biblioteche, in alcuni impianti di pedaggio autostradale e nelle tessere del trasporto urbano.

Se è fuori discussione l'enorme utilità insita nel poter riconoscere un oggetto, individuarne la posizione e ricostruirne l'intera storia, è quasi superfluo sottolinearne gli aspetti controversi in un settore già molto delicato come quello della privacy.

Le preoccupazioni di chi mette in guardia dai rischi del contemporaneo regime di *dataveillance* (termine coniato da **Roger Clark** per definire un controllo basato sulle tracce informatiche di carte di credito, telefoni cellulari e reti) sono, com'è facile intuire, aumentate esponenzialmente con la massiccia introduzione di dispositivi RFID.

Aldilà delle applicazioni pratiche delle nuove etichette intelligenti, e delle questioni etiche e legali legate al loro utilizzo, è interessante approfondirne anche le implicazioni visionarie, creative e filosofiche. Numerosi sono infatti gli intellettuali, gli studiosi e gli artisti attualmente impegnati nella ricerca e nella sperimentazione sulla tecnologia RFID. Lo spunto principale ci viene dall'inossidabile **Bruce Sterling**, scrittore statunitense autore di romanzi caposaldo della letteratura cyberpunk, osservatore attento e acutissimo delle conseguenze psicosociali del nostro ambiente altamente tecnologizzato. Nel suo ultimo saggio, *Shaping Things* (MIT Press, 2005), ripercorre l'intera storia del rapporto dell'uomo con le cose che costruisce e utilizza, dai semplici artefatti realizzati a mano fino alle macchine più complesse. Per descrivere i nuovi "oggetti intelligenti" (*smart objects*), Sterling conia l'affascinante termine *spime*, ponendo l'accento sullo strettissimo legame che questi nuovi prodotti intrecciano con il luogo e il momento. Gli *spime* possono essere rintracciati esattamente nel tempo e nello spazio (space + time).

Già da un paio d'anni a questa parte, gli RFID sono entrati nelle opere dei media artist di tutto il mondo, come era già successo per computer, telefoni, reti, cellulari e sistemi satellitari.

Sempre Sterling, in una recente conferenza londinese, ha definito la tecnologia RFID (da lui ribattezzata *arphid*, termine subito adottato dalla comunità artistica per il suo indubbio carattere evocativo) come "il futuro dell'arte mediale". Citando una serie di progetti artistici che ne sfruttano le potenzialità e azzardando persino una previsione sul futuro sviluppo di tale tendenza (un primo periodo "magico" alla Meliés, incentrato sullo stupore per il dispositivo; una seconda fase di detournamento, che sottolinea il carattere controverso della tecnologia; e infine una fase matura).

Osservando il panorama attuale, e volendo seguire la mappatura dello scrittore americano, l'impressione è quella di trovarsi più o meno a metà strada tra il primo e il secondo stadio. I progetti attuali infatti sembrano aver già in parte superato la semplice infatuazione tecnofila e già riflettono sulle implicazioni sociali e cognitive del nuovo universo fatto di cose interconnesse. **Nancy Nisbet**, giovane artista canadese, già nel 2004 si impiantò un transponder nella mano e lo collegò a un lettore posizionato all'interno del proprio mouse, in modo da tracciare ogni suo movimento sulla rete e riprodurlo sullo schermo. L'opera, *Tracking Virtual Identity*, rifletteva sul rapporto tra fisico e virtuale, e sulla natura in evoluzione del concetto di identità. La statunitense **Meghan Trainor** invece inserisce gli *arphid* all'interno di oggetti/scultura da lei stessa ideati, che, collegati ad un apposito lettore, generano un'ampia gamma di suoni, dando vita ad una performance musicale.

Ma l'opera più recente, attualmente in mostra a Londra presso la galleria HTTP, è *Urban Eyes*, di **Marcus Kirsch** e **Jussi Angesleva**. Il progetto sfrutta la tecnologia wireless, i chip RFID, la rete di webcam e infine un network animale. I piccioni londinesi vengono nutriti con mangime "arricchito" di microchip, che rimangono all'interno del loro corpo per circa 12 ore. In quel periodo di tempo, i volatili si aggirano per i cieli della capitale britannica, inviando informazioni sulla propria localizzazione a un computer e ai dispositivi bluetooth attivi nelle immediate vicinanze. Il segnale si collega alla webcam più vicina e fa apparire sugli schermi un'immagine aerea della città, nel punto in cui il piccione sta volando. Una deriva psicogeografica aiutata dalla tecnologia e supportata dal sistema di comunicazione più antico e letterario. Novelli piccioni viaggiatori dotati di transponder.

PIACERE, MR. PROCESSOR
Published On: November 7, 2006
Posted By: Valentina Tanni
Source: ExiWebArt

Mentre programmatori e designer studiano nuove futuristiche alternative al desktop tradizionale, gli artisti lo reinterpretano. Dipingendolo, smontandolo o teorizzandolo. Ma c'è anche chi riporta a forza il virtuale alla fisicità di spazi e corpi...

È ormai un'immagine familiare, un panorama consueto e riconoscibile, un orizzonte tanto comune da diventare trasparente. Fa da sfondo al nostro lavoro quotidiano, da cornice per i nostri documenti, da album per le fotografie, da schermo per i film e da stereo per la musica.

Stiamo parlando del desktop, lo scrittoio virtuale del computer, quel sistema grafico fatto di icone e cartelle pensato per facilitare l'interazione con la macchina anche agli utenti meno esperti. Basato interamente sulla metafora della scrivania, il desktop riproduce un tradizionale ambiente di lavoro in versione bidimensionale. Con la diffusione capillare dei personal computer la riflessione sull'interfaccia grafica – con le sue potenzialità e i suoi limiti – è diventata una delle più frequentate dagli artisti, da sempre attenti a cogliere le mutazioni dell'immaginario contemporaneo, a reinterpretarne i vizi e le virtù, a mostrarne i paradossi e le implicazioni meno evidenti.

Il desktop è stato così dipinto e disegnato (basti pensare ai primi lavori di **Carlo Zanni**, ai *web-paintings* di **Valery Grancher**, agli oli di **Miltos Manetas**, ai disegni di **Masha Boriskina** o ai murali di **Ola Pehrson**), trasformato in strumento per il vjing (come in *Wimp*, di **Alexei Shulgin** e **Victor Laskin**), aggredito e smontato (vedi *Subculture* di **Antonio Mendoza**).

Uno tra gli approcci più diffusi da un paio d'anni a questa parte vede gli artisti alle prese con il confronto tra la virtualità e la bidimensionalità del desktop e una sua possibile rimaterializzazione. Il corto circuito generato è naturalmente ironico, spiazzante, a volte persino rivelatore. Così, mentre schiere di designer e programmatori in tutto il mondo si sforzano di progettare nuove interfacce 3D (come *BumpTop*, che simula una scrivania vera, su cui muovere i documenti come fossero fogli di carta, impilandoli o accartocciandoli prima di buttarli) con risultati per la verità controversi, che spesso non fanno che complicare le modalità di interazione invece di renderle più intuitive, gli artisti traslano invece i meccanismi virtuali nello spazio fisico e li ricostruiscono con materiali tangibili.

È il caso dell'olandese **Jan Robert Leegte** e le sue *Scrollbars*, versione scultorea delle barre di scorrimento che caratterizzano le finestre di dialogo nei sistemi GUI (Graphical User Interface). Il risultato è un'opera raffinata e ironica, che mescola l'estetica e le consuetudini dell'era digitale con gli stilemi della più classica arte minimal, strizzando l'occhio a Dan Flavin e Donald Judd. Simile il lavoro di **Joe McKay**, autore di *The Big Job*, trasposizione in metallo dei rettangoli a riempimento progressivo (progress bar) che appaiono sullo schermo durante il caricamento di una pagina Web o il download di un file.

Tutta dedicata all'interfaccia dei computer Macintosh, e in particolare a quella di Photoshop, il lavoro "artigianale" di **Joel Swanson**, che in una semplice scatola di cartone simula una profondità inesistente, rimettendo in prospettiva le finestre e i menu.

Ma l'opera simbolo di tutto il filone di interfacce materiali è senz'altro **MAN OS 1 / extraordinateur**, dei tedeschi **Roland Seidel** e **Achim Stierman**. Il video (vincitore di una menzione al Festival Ars Electronica nella categoria *Computer Animation/Visual Effects*), realizzato nel 2005 e proiettato sullo schermo di un enorme computer-scultura, non si limita a riprodurre nello spazio di un set e con l'ausilio di cartoni e poster l'ambiente virtuale di un Mac, ma lo fa abitare da attori umani. Protagonista assoluto è naturalmente il microprocessore, interpretato da Mr. Processor, impegnato a eseguire i comandi impartiti dall'utente di turno (che resta invisibile). Dopo l'avvio della macchina, durante il quale le icone vengono posizionate manualmente sulla scrivania e la progress bar tirata altrettanto artigianalmente, il sistema riceve un'e-mail nientemeno che da Hans Holbein il Giovane, che chiede di rendere più accattivanti i protagonisti del celebre quadro *Gli Ambasciatori*.

Et voilà, i due vengono rasati con un colpo di Photoshop. I problemi cominciano quando nell'elaboratore si infiltra un virus, prontamente rilevato dal medico di turno, che, manco a dirlo, è il Dr. Norton. La vicenda prosegue su Internet, dove Mr. Processor fa la conoscenza dei signori H, T, M e L, che lo accompagnano durante la sua navigazione attraverso negozi online, siti porno e di cinema. E l'avventura continua. Sino all'inevitabile crash finale...

NEW MEDIA FITNESS
Published On: April 16, 2007
Posted By: Valentina Tanni
Source: ExiWebArt

Gare di motociclismo a colpi di decibel, skateboard che suonano e concerti per pesi massimi. E poi tapis-roulant, campi da tennis digitali e telefonate con i guantoni. La new media art reinterpreta lo sport. Indagando le connessioni tra il corpo e la mente. Lo spettatore deve correre, sudare e guadagnare il risultato con la fatica fisica. Oppure imparando a controllare i poteri della mente...

Muscoli in tensione, sudore, respiro affannoso, aumento del battito cardiaco. Durante l'attività fisica rilasciamo sostanze chimiche, torniamo a sentire il nostro corpo e le sue dinamiche, ne esploriamo i limiti e le potenzialità, recuperando la coscienza della nostra esistenza materiale. In un'epoca contraddistinta da una sempre più profonda scissione tra pensiero e corporeità, "fare movimento" si riduce spesso a un rimedio forzato contro gli acciacchi dovuti alla sedentarietà, come se la massa corporea fosse soltanto uno scomodo fardello da manutenere, persino un po' controvoglia. Questo diventa ancora più vero per chi trascorre gran parte del proprio tempo circondato dai terminali della comunicazione tecnologica, immerso in universi virtuali, coadiuvato negli spostamenti da mezzi di trasporto (fisici e mentali) che tralasciano e inibiscono il movimento fisico privilegiando le dinamiche psichiche.

L'indagine sul rapporto tra l'attività cerebrale e le logiche del corpo non è certo un campo di indagine nuovo per l'arte, specie quella elettronica, che sin dagli anni Sessanta, e ancora di più dagli anni Ottanta in poi con il proliferare delle installazioni interattive (in cui l'atto fisico dello spettatore contribuisce ad attivare le opere), ha spesso cercato di ri-connettere i due universi, indagandone con piglio sperimentale le logiche e le connessioni. La tematica tuttavia, lungi dall'essere esaurita, continua ad affascinare i new media artist di tutto il mondo, che negli ultimi anni, dopo un decennio in cui la tendenza più evidente era quella verso una smaterializzazione estrema (pensiamo alla Net Art e alla Software Art), sono tornati a lavorare con insistenza sull'intreccio chiasmico di corpo e mente.

Sorprende, in particolare, la comparsa della tematica sportiva in senso stretto, in un proliferare di campi da tennis e da ping pong, *tapis-roulant* e ring di ogni genere. In alcuni casi il movimento viene "tradotto", tramite l'uso di sensori e software appositi, in output musicali.

È il caso di *Full Contact Concert*, di **Stefan Brunner** e **Michael Wilhelm**, performance durante la quale sono i colpi di un incontro di boxe a produrre il concerto annunciato dal titolo, mixando, attraverso un computer controllato da una terza persona, gli impulsi generati dai colpi, dal respiro e dal battito cardiaco dei due contendenti. Simile il funzionamento di *Skatesonic*, del sudafricano **Cobi van Tonder**, in cui le evoluzioni nello spazio di uno skateboard trasmettono dati via bluetooth a un computer che li trasforma in sequenze sonore.

Riflette invece sui meccanismi della telecomunicazione *Telephoneboxing*, divertente progetto del duo olandese (residente a Tokyo) **openTop**. All'interno di un container sono posizionati sulle pareti dieci grandi bottoni numerati e imbottiti come sacchi da boxe. Si tratta in realtà di veri e propri tasti telefonici *oversize*, che devono essere colpiti con violenza dal fruitore che voglia comporre il numero sull'inconsueta tastiera per fare la più classica delle telefonate a casa. Una volta stabilita, con fatica fisica, la connessione, si sarà costretti a urlare per farsi sentire da chi è all'altro capo del telefono, visto che il ricevitore si trova molti metri più in là, in fondo alla stanza. La difficoltà dei processi di comunicazione interpersonale viene così efficacemente metaforizzata tramite la messa in scena di uno sforzo fisico intenso. Devono gridare più forte che possono anche i visitatori che si vogliano cimentare con il *Motor Karaoke*, opera di **Mehdi Hercberg** e **Raphael Seguin**, gara motociclistica virtuale in cui la velocità del mezzo che appare sullo schermo è determinata dai decibel che si riescono a produrre.

Non è tenero con il pubblico delle sue installazioni nemmeno l'olandese **Marnix de Nijs**, che già nel titolo lo esorta al movimento con un'espressione a dir poco colorita: *Run Motherfucker Run*. L'opera è costituita da un enorme *tapis-roulant* industriale posizionato di fronte a uno schermo su cui scorrono in soggettiva (in parte filmate, in parte realizzate in computer grafica) le strade deserte di una città virtuale. La velocità con cui si corre e le direzioni imboccate vengono recepite in maniera esatta dall'ambientazione digitale che anima la proiezione, determinando le caratteristiche e la durata dell'esperienza.

Rivisita invece il tennis **Dirk Eijsbouts**, autore del progetto *Interface #4 Tft Tennis V180*, un congegno che sostituisce pallina e racchetta in un colpo solo con un monitor a cristalli liquidi che serve a visualizzare i movimenti della sfera e a colpirla seguendo la giusta angolazione.

Se negli esempi finora citati il movimento fisico viene reintrodotto e valorizzato, diventando lo stimolo primario che permette all'opera stessa di funzionare, un filone di ricerca opposto e complementare mira alla sua eliminazione totale, concentrandosi esclusivamente sull'uso della mente. È il caso dell'affascinante *Brainball*, prodotto da **Smart studio**, un nutrito gruppo di ricerca con base a Stoccolma. Si tratta di un congegno per due giocatori, il cui scopo è semplicemente quello di guidare nella buca avversaria una pallina. Sembrerebbe facile, se non fosse per il fatto che non si possono usare né le mani, né i piedi, né la racchetta o la mazza da golf. L'unico stimolo che fa muovere la pallina sono le onde cerebrali, e in particolare quelle rilasciate dal cervello in condizioni di relax totale: le onde alfa e teta. Vince, quindi, chi riesce a raggiungere il grado di passività e calma maggiore. La sfida, com'è facile intuire, non riguarda la pallina o il campo da gioco, ma il controllo dei propri stati mentali.

IDENTITÀ 2.0

Published On: July 12, 2007
Posted By: Valentina Tanni
Source: ExiWebArt

Che sia l'inizio di una nuova era di Internet oppure solo una montatura del marketing, il Web 2.0 continua a far parlare di sé. Riportando in auge la riflessione sulle comunità virtuali, sui principi di condivisione, social software e intelligenza collettiva. Ma le implicazioni non riguardano solo la tecnologia, arrivano a influenzare l'identità e l'emotività umana...

C'è chi sostiene che si tratti di una nuova era di Internet. E chi invece la considera solo una *buzzword* (una parola di moda che "ronza" di continuo) coniata ad arte e pompata a beneficio del marketing. Comunque stiano le cose, non si può negare che il Web 2.0 sia l'argomento del giorno nelle discussioni che riguardano la rete e i suoi possibili sviluppi. Tecnici, sociali e culturali. Il termine, coniato dallo statunitense **Tim O'Reilly** (fondatore della casa editrice O'Reilly Media), definisce, più che una tecnologia precisa, un nuovo approccio nell'uso della rete, sia da parte degli sviluppatori che degli utenti.

Il Web 2.0 celebra infatti una sempre più forte centralità dell'utente nella produzione e distribuzione dei contenuti, e valorizza la potenza del cosiddetto social networking. Le applicazioni più note, cui si fa sempre riferimento quando si parla della seconda release del Web, sono piattaforme come eBay, Myspace, Flickr, YouTube, Delicious, Twitter.

Servizi online che permettono, tramite una semplice iscrizione, di pubblicare materiali di ogni genere, di classificarli in modo personale (tramite i cosiddetti tag, etichette da assegnare a ogni contenuto), di condividerli con altri utenti, di comunicare con una vastissima comunità, costruendo, nel frattempo enormi database. Sono centinaia gli esperimenti già online che si basano sul medesimo principio ispiratore. Indipendentemente dall'argomento in questione (che si parli di libri, viaggi, fotografie, testi, video o ricette di cucina), quello che accomuna i siti Web 2.0 sono concetti come condivisione, partecipazione, intelligenza collettiva, classificazione e interconnessione dei contenuti, quasi sempre *user-generated*.

Aldilà degli aspetti meramente tecnici, delle implicazioni commerciali e delle diatribe terminologiche, c'è un aspetto del Web 2.0 che raramente viene sottolineato dagli analisti e dagli osservatori del fenomeno. Ma che viene invece rilevato dagli artisti, più preoccupati di indagare le ricadute psicologiche, cognitive, sociali e persino emotive di questo nuovo trend della rete.

La condivisione sempre più intensa di materiali via Web, il serrarsi degli scambi, e la vera e propria deflagrazione del fenomeno delle *community* vanno infatti a disegnare una nuova, sorprendente dimensione intima della rete. Non si tratta, naturalmente, di concetti inediti (lo stesso **Tim Berners-Lee**, il papà del World Wide Web, ha precisato più volte che nessuna vera innovazione è stata apportata, ma che si tratta semplicemente di uno stadio più "maturo" dell'uso di una tecnologia preesistente), ma lo scenario che si va delineando segna senz'altro una svolta. Chi partecipa allo sviluppo delle comunità e che ogni giorno affolla le reti di nuovi contenuti, tende infatti a condividere non solo informazioni utili, materiali di studio o intrattenimento. Quello che spesso si fa è semplicemente *mettere in scena se stessi.*

Interessi, sentimenti, pezzi di vita, stralci di quotidianità. La somma di tutti gli account attivi (le iscrizioni che si effettuano per poter accedere alle varie piattaforme) va a formare un sorprendente autoritratto. Un pacchetto di indizi che delineano un'esistenza, una personalità, che affermano il proprio essere nel metaverso digitale. Un autoritratto fatto magari di un blog dove annotare i propri pensieri, di un avatar su Second Life, di uno spazio su Flickr dove uploadare le proprie immagini, di un *nickname* su Last.fm che testimonia le nostre preferenze musicali, di una pagina su Twitter che racconta, minuto per minuto, le minime attività che compongono la nostra giornata. E poi ci sono i gruppi, le comunità a cui decidiamo di afferire, che offrono un ulteriore tassello al mosaico del nostro ID digitale.

Pone l'accento su questo aspetto una mostra recentemente allestita presso l' *Edith Russ Site for Media Art* di Oldenburg, in Germania. *My Own Private Reality – Growing up online in the 90s and 00s,* a cura di Sabine Himmelsbach e Sarah Cook, riunisce diciassette progetti d'artista che, in modi molto diversi tra loro, prendono come spunto il fenomeno del Web 2.0, delle community, dei *social software.* Molte le opere che rivolgono uno sguardo caustico sul tema, offrendo parodie e versioni "riviste" di note piattaforme di social networking. È il caso di *Frienemies*, dell'americana **Angie Walker**, che propone un prototipo di community basata sul disprezzo invece che sulla stima o sulla comunanza di interessi. Secondo il principio, *politically scorrect*, che a unire le persone possano anche essere odi e idiosincrasie. Gli italiani **Les Liens Invisibles** scelgono invece Flickr come obiettivo polemico, mettendo a punto *Subvertr*, una piattaforma che incita a un uso personale e sovversivo della cosiddetta *folksonomy*, il sistema di *tagging* associato alle immagini. **Annina Rüst** propone invece un *Sinister Social Network*, suggerendo come il formarsi di gruppi possa alimentare la cospirazione oltre che la costruzione di amicizie.

Non mancano i progetti dichiaratamente politici. Come l'ormai noto *Amazon Noir*, del trio **UBERMORGEN.COM / Paolo Cirio / Alessandro Ludovico**, che testimonia un simbolico quanto reale furto di contenuti ai danni del database della libreria online Amazon, ponendo l'accento su problematiche scottanti come quella del copyright nell'era digitale. Ma a farla da padrone è l'ironia. La mostra, in gran parte composta da progetti online perciò esplorabile anche dal Web, testimonia il tentativo della comunità artistica che abita la rete di svelare aspetti poco evidenti ed effetti collaterali inaspettati delle nuove applicazioni. Ponendoci di fronte alle contraddizioni, ai pericoli e alle ambiguità che l'uso delle nuove tecnologie generano, ma anche mostrandoci, senza paura, come esse ridefiniscano la nostra identità, influenzino il nostro vivere quotidiano, plasmino il nostro essere. Online e offline.

IL CINEMA HA UN NUOVO DNA
Published On: March 6, 2008
Posted By: Valentina Tanni
Source: ExiWebArt

Insolito incontro tra cinema e codice binario. Il flusso dei dati anima l'oggetto film e lo rende instabile. Soggetto a infinite variabili. L'autore di questi esperimenti artistici, Carlo Zanni, lo chiama Data Cinema. E dichiara di ispirarsi a Sol LeWitt...

I dati scorrono lungo le reti come sangue nelle vene. Sono la linfa del sistema, l'energia che lo rende un corpo vivo, un'entità in evoluzione. Nella prassi comune ci limitiamo a contarli, verificarli e mapparli. Controlliamo che il processo si svolga correttamente, scongiuriamo gli ingorghi e generiamo montagne di statistiche. Ma questo flusso, fatto di codici ed energia, può essere usato anche per iniettare vita in oggetti che altrimenti ne sarebbero, per loro natura, privi.

È quello che fa **Carlo Zanni** (La Spezia, 1975; vive a Milano e New York) quando sfrutta la circolazione continua dei dati su Internet per modificare il DNA di un media più anziano: il cinema. I suoi ultimi lavori, *The Possibile Ties Between Illness and Success* (2006) e il recente *My Temporary Visiting Position From The Sunset Terrace Bar* (2007) sono esempi di una tipologia di oggetto mediale inedita, che l'artista stesso ha ribattezzato "Data Cinema".

Pur conservando una modalità di fruizione sostanzialmente contemplativa – e talvolta anche una struttura narrativa classica – questi *webfilm* si differenziano per la loro natura instabile. Non sono oggetti formalizzati una volta per sempre, ma si lasciano modificare da processi che avvengono in real-time.

In *The Possibile Ties*, toccante riflessione sul rapporto fra talento, successo e patologie maniaco-depressive, il protagonista del breve film (interpretato da Ignazio Oliva e Stefania Orsola Garello) può essere osservato mentre viene aggredito dai segni progressivi di una malattia. Le macchie che pian piano invadono il suo corpo, con il ritmo di un morbo contagioso, sono generate automaticamente da un software che comunica con Google Analytics, sistema di statistiche per monitorare il traffico sui siti Web. Le chiazze si estendono all'aumentare dei visitatori e si distribuiscono sul corpo dell'attore in modo diverso a seconda della loro provenienza geografica. Il film cambia continuamente grazie all'interazione (inconsapevole) degli spettatori; il cinema non è più soltanto la registrazione della vita, ma finisce per incorporare un processo vitale al suo interno.

Il tema di *The Sunset Terrace Bar* è invece quello della migrazione, del nomadismo, delle frontiere. La "posizione temporanea" del titolo allude alla condizione dell'esiliato, al suo sradicamento, a un senso di mancata appartenenza (ben espresso nei versi della scrittrice Ghada Samman, che introducono il progetto). Il film si compone di due parti: un panorama urbano fisso, che appartiene alla città di Ahlen, in Germania, e un cielo "animato" che arriva direttamente da Napoli, dove, ogni sera, una webcam registra i colori del tramonto. Sul finale, il panorama viene invaso, inaspettatamente, da uno stormo di uccelli che attraversa lo schermo con gran fragore, spezzando di colpo l'atmosfera sospesa e lirica (un contributo fondamentale viene anche dalla colonna sonora, firmata da due nomi illustri: Gabriel Yared e Gothan Project). Anche stavolta, come in *The Possibile Ties*, il visitatore del sito, oltre all'opzione "live", ha la possibilità di guardare una "libreria" di filmati registrati e conservati, che vanno a formare una campionatura delle infinite versioni possibili.

Un altro aspetto che colpisce di questi lavori riguarda la complessa impalcatura di riferimenti e suggestioni che li sostiene. La parte visuale è infatti accompagnata – quasi riecheggiata – da una componente narrativa o poetica (il brano del romanzo *American Purgatorio* di John Haskell in *The Possibile Ties*; la poesia della Samman in *The Sunset Terrace*) e potenziata da una colonna sonora scelta con estrema attenzione. Alla tradizionale locandina cinematografica – che rimane, quasi a ricordarci le radici storiche dell'opera – si aggiungono i percorsi multimediali del sito Web, che si trasforma in un vero e proprio "contesto" attivante.

Con questa nuova direzione di ricerca, che sviluppa temi, immagini e processi già parzialmente indagati in passato – Carlo Zanni ha prodotto, negli ultimi otto anni, un vasto corpus di opere che spazia dalla pittura a olio alla net art, passando per la scultura e il videogame – l'artista sembra portare a maturazione la sua riflessione sull'arte nell'era del digitale. Pur prendendo le mosse da una storica frase di **Sol LeWitt**, "the Idea Becomes a Machine that Makes the Art", Zanni dichiara di volerla aggiornare in chiave contemporanea.

La nuova versione, che recita "The Idea Becomes the Code that Renders the Art", mantiene la centralità dell'idea e l'accento sulla processualità, ma sposta l'attenzione verso le capacità generative del software. Uno strumento potente e malleabile, in grado di costruire nuove realtà.

I NUOVI AMATORI: CITIZEN ARTIST O SCIMMIE INFINITE?
Published On: October 6, 2008
Posted By: Valentina Tanni
Source: Digimag

> "The interactive aesthetic experience with computers might fill a substantial portion of that great leisure time predicted for the man of the future."
> (Michael A. Noll, 1967)

Sono passati più di quarant'anni da quando **Michael A. Noll**, allora ingegnere presso i famigerati Bell Laboratories, firmava "The Digital Computer as a Creative Medium", saggio seminale che rappresenta ancora oggi una delle riflessioni più lucide e al contempo visionarie sulle possibilità estetiche, allora appena nascenti, degli elaboratori. In quegli anni i computer erano macchinari enormi e complicati, accessibili solo a una ristretta comunità di scienziati e ingegneri. Furono questi ultimi, non a caso, a dar vita ai primi, pionieristici tentativi di indagarne le potenzialità creative e artistiche, sia a livello teorico che attuativo. Il personal computer come oggetto abituale e onnipresente – talmente consueto da diventare invisibile – e l'infiltrazione massiccia delle tecnologie digitali in ogni ambito della vita professionale e quotidiana erano scenari difficili da immaginare. Ancora più remota era la visione di un mondo dominato dalle logiche di Rete, scandito da connessioni sempre attive, animato da tentacolari *social network* e brulicante di produzione di conoscenza sotto forma di codice binario. Nonostante ciò, le poche premesse di cui Noll disponeva per la sua riflessione lo condussero non solo a individuare precocemente il nodo gordiano delle relazioni tra creatività e programmazione (il rapporto tra caso e controllo; il potenziale generativo delle dinamiche randomiche; l'interazione uomo-macchina come fulcro dei nuovi processi artistici), ma anche a mettere a fuoco un risvolto della questione rimasto poi sottotraccia per decenni e ora esploso in tutta la sua deflagrante forza problematica.

Nel paragrafo "Artistic consequences", in modo se vogliamo accennato rispetto al cuore dell'indagine, ma nondimeno chiaro, Noll si sforza di ipotizzare le possibili ricadute di un uso massiccio e democraticamente diffuso delle tecnologie digitali: l'esperienza estetica mediata da computer sarebbe divenuta "altamente individualistica". Secondo l'autore, infatti, un'accresciuta accessibilità ai mezzi di produzione creativa, insieme a una loro sempre maggiore facilità di utilizzo, avrebbe liberato gli autori dalla necessità di acquisire una solida competenza tecnica nell'uso dei differenti media, e in alternativa, aggiungeremmo noi, di avvalersi del lavoro di un'equipe con attitudini interdisciplinari (pratica invece molto comune nei rari esempi di arte digitale degli Anni Sessanta e Settanta).

Se da una parte l'avverarsi di una simile previsione era quasi scontato – basti pensare al simile effetto provocato nel mondo dell'arte dall'invenzione della fotografia o dall'introduzione di videocamere portatili e videoregistratori – nel caso delle tecnologie digitali l'impatto di un tale processo ha avuto e sta ancora avendo conseguenze di gran lunga più profonde, che non si fermano nel ristretto, seppur importante, ambito della pratica artistica. Innescando un dibattito che non è più soltanto gingillo teorico per il critico d'arte o lo studioso di estetica, ma che arriva a mettere in discussione l'intero sistema di produzione e distribuzione della conoscenza umana.

È ancora una volta Noll, nello stesso saggio, a gettare il seme, quando scrive: "Di questo genere di partecipazione nell'esperienza creativa ed estetica può fare esperienza sia l'artista che il non-artista [!] Plausibilmente, potrebbe emergere una forma di 'citizen artist' [!]. L'esperienza estetica interattiva con i computer potrebbe costituire una porzione sostanziale dell'ampia quantità di tempo libero che immaginiamo per l'uomo del futuro".

La stessa espressione "citizen artist"– che Noll prende a prestito da un articolo firmato dallo storico **Allon Schoener** nel 1966, pubblicato sulla rivista "Art in America" – ci riporta, come un link immediato, al dibattito attuale sulla cosiddetta "cultura amatoriale" (pensiamo ad esempio al fenomeno crescente del "citizen journalism", che vede la partecipazione di lettori e reporter non professionisti al sistema dell'informazione). Non solo oggi i mezzi di produzione sono più che mai accessibili in tutti i campi (arte, musica, cinema, letteratura, giornalismo), ma grazie alla flessibilità del linguaggio digitale e alle reti, anche il volto della distribuzione è cambiato per sempre. La cultura amatoriale infatti, è sempre esistita, ma mai prima d'ora il non-professionista ha avuto accesso a sistemi di distribuzione efficienti e di scala mondiale. E mai prima d'ora l'interconnessione globale ha permesso lo scambio immediato e continuo delle conoscenze. L'Amatore del Ventunesimo Secolo raggiunge spesso livelli di competenza difficilmente immaginabili prima, perché anche la formazione è continua e accessibile (attraverso l'*e-learning*, la vitalità delle comunità virtuali, i progetti di ricerca e creazione collaborativa).

Alla riflessione sulle potenzialità tecnologiche dobbiamo poi intrecciarne una di taglio più squisitamente culturale. L'invadenza e la tendenza omologante dei mezzi di comunicazione (includendo in questa definizione approssimativa non solo l'informazione ma tutta la cultura di massa, compresi l'intrattenimento e l'*advertising*) ha raggiunto negli ultimi vent'anni un livello di saturazione, generando comprensibili e legittimi fenomeni di intolleranza, diffidenza e finanche rifiuto. Il diffondersi di voci "alternative", di pratiche capaci di muoversi al di fuori della corrente livellante del mainstream, di prodotti culturali frutto di una genuina passione creativa, è stato accolto con sollievo, incoraggiato e persino – talvolta acriticamente – celebrato.

Il panorama che si delinea all'orizzonte oggi, mentre ancora ci sforziamo di prendere coscienza del nuovo status, è magmatico: pieno di energie ma, come accade in tutte le mutazioni, non privo di risvolti dolorosi e controversi. **Charles Leadbeater**, sostenitore dei processi collaborativi e autore nel 2008 di *We-think. Mass Innovation, not Mass Production* dava il via al dibattito, proseguito poi a colpi di articoli, post su blog e saggi, nel 2004, firmando con **Paul Miller** (fondatore del *social network* dedicato alla formazione "School of Everything") *The Pro-Am Revolution. How Enthusiasts are Changing Our Economy and Society*. In questo pamphlet di settanta pagine – disponibile anche online in pdf – i due autori testimoniano della potenza del nuovo scenario e coniano una definizione per questa nuova figura di "amatore con standard da professionista": il Pro-Am, appunto. Si tratta di una descrizione accurata e convincente del fenomeno, sostenuta da un riconoscibile piglio ottimistico, dall'aspirazione verso una condivisione sempre più ampia della conoscenza, dalla fiducia nelle potenzialità dell'"intelligenza collettiva" che, teorizzata una quindicina di anni fa da **Pierre Lévy**, inizia solo da qualche anno a rendersi disponibile all'osservazione nelle sue applicazioni pratiche. In fondo, si tratta di una posizione simile a quella presa da **Gene Youngblood** nel 1982, quando nel catalogo dell'edizione annuale di Siggraph, Mecca internazionale degli appassionati di Computer Graphic, scriveva: "Nessuna motivazione è più pura, nessun risultato più pieno di dignità di quello dell'amatore che lo fa per amore. [!] Uno strumento è 'maturo' tanto più è facile da usare, accessibile a chiunque, capace di offrire alta qualità a basso costo, e caratterizzato da una pratica pluralistica anziché singolare, utile per una moltitudine di valori. Il professionalismo è un modello arcaico che sta svanendo nel crepuscolo dell'Era Industriale!".

Particolarmente utile per comprendere lo scenario, soprattutto dal punto di vista dell'influenza che queste pratiche "amatoriali" stanno avendo sull'assetto dell'industria dei media, è la ricerca di **Henry Jenkins**, che in saggi come *Cultura convergente*, e ancora di più in *Fan, Bloggers and Videogamers*, offre un viaggio nei meandri delle odierne culture partecipative, mostrando come il sistema mainstream venga costretto, giorno dopo giorno, a prendere coscienza di queste nuove forze culturali che emergono "dal basso" e metta in pratica, con successi altalenanti, forme di apertura e di "inglobamento" strategico. Si tratta, com'è facile intuire, non solo di strategie di difesa tese a ribadire una secolare autorità e un controllo ritenuto legittimo, ma anche di un contrattacco travestito con forme di "accoglienza del nemico", individuato come unica possibile tattica di arginamento dell'indubbio danno economico che il nuovo scenario ha imposto all'industria dei media.

E proprio sull'aspetto di "sostenibilità economica" del nuovo scenario culturale, oltre che su un'appassionata difesa di valori, consuetudini e certezze, è incentrato il più famoso dei saggi fuori dal coro. Si tratta di *The Cult of Amateur*, pubblicato nel 2007 da **Andrew Keen**, critico e giornalista statunitense. Keen, divenuto da subito bersaglio dei tecno-ottimisti di tutto il mondo, accusato da più parti di schierarsi a favore di un establishment vecchio e corrotto, e di non comprendere le potenzialità culturali della "partecipazione", ha scritto invece un libro che, pur nelle inevitabili generalizzazioni e pur inciampando in qualche luogo comune, rappresenta il necessario controcanto a un dibattito che rischierebbe altrimenti di risolversi in una contrapposizione sterile. Tra una parte impegnata a difendere privilegi economici e quindi povera di motivazioni che vadano aldilà della tutela di un interesse, e una parte vitale e ottimista ma che a tratti si dimostra accecata dal proprio stesso entusiasmo.

Il critico americano, che si presenta come un "pentito" della tecnofilia Anni Novanta, stigmatizza con innegabile accuratezza e non senza ironia una certa cultura digitale, quella fatta di *buzzword*, di narcisismo digitale ("Everybody was simultaneously broadcasting themselves but nobody was listening"), di riciclo noncurante e incontrollato dell'informazione, di fiducia quasi religiosa nell'infallibilità dei motori di ricerca, di deresponsabilizzazione dell'atto della comunicazione. Senza poi mancare di elencare scientificamente i danni economici e sociali di quella che chiama "la cultura 2.0" (la perdita di posti di lavoro, la chiusura di molte realtà culturali medie e piccole, la difficoltà di sostentamento economico per autori e musicisti nell'era del *peer-to-peer*, la svalutazione della formazione). La metafora che ricorre nel libro, mutuata da **T.H. Huxley** (biologo evoluzionista padre del più noto Aldous), è il "teorema delle scimmie infinite". Il teorema dice in sostanza che se dovessimo fornire a un numero infinito di scimmie un numero infinito di macchine da scrivere, 'quasi' sicuramente alcune di queste scimmie produrrebbero dei capolavori letterari, come un'opera di Shakespeare, o un *Dialogo* platonico. La provocazione è sin troppo chiara, e proprio in queste forzature retoriche sta il limite di questo saggio, che rimane tuttavia una lettura utile e rinfrescante.

Le difficoltà di adattamento al nuovo panorama sono evidenti, alcuni le guardano solo da lontano, molti di noi le sperimentano sulla propria pelle ogni giorno, nel bene e nel male. Ciò che è difficile negare, e che ci impedisce di abbracciare il "teorema della scimmie infinite", è la coscienza dell'ascesa di quella che **Chris Anderson**, direttore di *Wired USA* e autore di *The Long Tail*, saggio sulle nuove economie dell'era digitale, più citato che letto, ha chiamato "cultura massicciamente parallela": "Le stesse forze e le stesse tecnologie della coda lunga che stanno portando a un'esplosione di varietà e scelta per quanto riguarda il contenuto che consumiamo, tendono a trascinarci in vortici tribali. Quando la cultura di massa si disintegra, non si riforma in una massa diversa, si trasforma invece in milioni di micro-culture, che coesistono e interagiscono in uno sconcertante numero di modi."

Pubblicato in *Digimag*, n. 38, Ottobre 2008.
www.digicult.it

Random
2001 - 2011

(RE)DISTRIBUTION: WIRELESS ART
Posted On: August 11, 2001
Posted In: cellphone, exhibition, mobile, wireless
Posted By: Valentina Tanni
Url: www.voyd.com/ia

C'era da aspettarselo: l'arte digitale arriva anche senza cavi, dovunque voi siate, grazie a cellulari, Palmtop e PDA. *(re)distribution*, una mostra online in corso su voyd.com esplora le possibilità di un'arte nomade e "portatile". Curata da **Patrick Lichty**, l'esposizione sarà in rete fino al 31 ottobre e comprende, tra gli altri, lavori di **Mark America, Alex Galloway, John Simon, Giselle Beiguelman**.

BLACK.NET.ART. NERITUDINE ALL'ASTA SU E-BAY
Posted On: August 13, 2001
Posted In: ebay, ecommerce, performance, race
Posted By: Valentina Tanni
Url: http://obadike.tripod.com/ebay.html

L'artista e musicista afroamericano **Keith Obadike** ha messo all'asta su eBay la sua "neritudine". Questa azione fa parte di una serie di progetti incentrati sui temi della razza, della sessualità e delle comunità virtuali. La "neritudine" di Obadike sarà all'asta fino al 18 agosto ed è attualmente quotata circa 150 dollari.

THE SHAPE OF SONG. VISUALIZZARE LA MUSICA
Posted On: August 22, 2001
Posted In: music, software
Posted By: Valentina Tanni
Url: www.turbulence.org/Works/song

Vi siete mai chiesti qual è la forma della musica? *The shape of song* è un tentativo di rispondere a questo affascinante quesito. Un programma, messo a punto dall'artista newyorchese **Martin Wattenberg**, permette infatti di visualizzare, attraverso dei diagrammi a semicerchi concentrici, la "forma" dei brani musicali. Moltissime le musiche disponibili, da Bach a Philip Glass, da Madonna a Ennio Morricone. Esiste inoltre un'opzione che permette all'utente di aggiungere nuovi file midi all'archivio.

ADRIAN WARD PRESENTA AUTO-ILLUSTRATOR A BERLINO
Posted On: August 29, 2001
Posted In: conference, software art
Posted By: Valentina Tanni
Url: http://swai.signwave.co.uk

L'artista-programmatore inglese **Adrian Ward** presenterà il suo progetto *Auto-Illustrator* al *BerlinBeta* festival il prossimo 31 agosto. Il software messo a punto da Ward, già vincitore di un premio alla scorsa edizione di *Transmediale*, può a prima vista sembrare un normale programma di grafica vettoriale, ma è in realtà un programma autogenerativo, in cui l'utente non ha la possibilità di guidare saldamente le operazioni, nè prevedere il risultato delle sue scelte. La conferenza di Ward a Berlino si intitola significativamente "La creatività è programmabile?" e sarà affiancata da un vero e proprio concorso che premierà il migliore tra i lavori prodotti con *Auto-Illustrator*.

THE BEST OF 386 DX. DISPONIBILE IL CD DI ALEXEI SHULGIN
Posted On: September 10, 2001
Posted In: cd, music, vintage
Posted By: Valentina Tanni
Url: www.easylife.org/386dx

Il poliedrico net artista russo **Alexei Shulgin** ha pubblicato in questi il giorni il primo cd della sua cyberpunkband **386 DX**, fondata nel 1998. In questi anni Shulgin si è più volte esibito durante festival e meeting (ultimo in ordine di tempo a Bologna in occasione del *d-i-n-a*) proponendo incredibili rivisitazioni di hit degli ultimi trent'anni suonate e cantate da un vecchio computer 386 DX. Ma il disco non contiene solo musica: vi permetterà anche di ricreare sul vostro computer l'estetica di un vero 386 attraverso l'installazione della versione 3.1 di Windows, contenuta illegalmente nel cd.

DESKSWAP. DESKTOP SHARING
Posted On: September 26, 2001
Posted In: desktop, sharing, software
Posted By: Valentina Tanni
Url: www.deskswap.com (offline)

Deskswap è uno screensaver multi-utente che permette un vero e proprio "scambio" di desktop. Quando l'utente è in stato di inattività, *Deskswap* scatta un'immagine del suo schermo e la invia al proprio server, che automaticamente la distribuisce agli altri utenti collegati. Esistono poi diverse opzioni: quella *peer-to-peer*, che realizza uno scambio ristretto a due utenti, e quella che coinvolge solo un determinato gruppo di persone. Il suo autore, **Mark Daggett**, sottolinea nell'introduzione l'aspetto vouyeristico del programma, ma anche l'ambivalenza del desktop: personale e dunque specchio del proprietario, ma allo stesso tempo uguale per tutti perché imprigionato nello standard "icone/cartelle".

NET ART MUSEUM
Posted On: November 5, 2001
Posted In: museum, net art, website
Posted By: Valentina Tanni
Url: www.netartmuseum.org (offline)

Il Museo della Net Art è un nuovo sito Internet che si configura come uno spazio espositivo online per l'arte telematica. La commissione del museo seleziona e accoglie solo opere realizzate appositamente per il Web e che dunque utilizzano la Rete come medium per la creazione artistica. Il sito comprende centinaia di link da tutto il mondo e può vantare la presenza, tra gli altri, di **Victoria Vesna, John F. Simon** e **Olia Lialina**.

SOUNDTOYS: GIOCATTOLI SONORI
Posted On: November 13, 2001
Posted In: net art, sound, website
Posted By: Valentina Tanni
Url: www.soundtoys.net

SoundToys è un sito dedicato alle sperimentazioni artistiche audio-visuali condotte sul Web. Il progetto si propone di indagare le possibilità multimediali offerte del mezzo Internet attraverso l'esposizione di "giocattoli sonori". Tra le opere incluse troviamo giochi, musica auto-generativa, ambienti interattivi e brevi filmati realizzati con tecnologie come shockwave, flash, vrml e java. Il sito comprende anche un magazine e uno spazio di discussione.

CARNIVORE: NET.ART E DATA SORVEGLIANZA
Posted On: November 14, 2001
Posted In: net art, software art, surveillance
Posted By: Valentina Tanni
Url: http://rhizome.org/carnivore

Carnivore è un progetto messo a punto dal collettivo **RSG** (Radical Software Group), fondato nel 2000 da **Alex Galloway** e composto dai migliori *computer-artist* del mondo. L'opera consiste nella costruzione di un sistema di intercettazione delle informazioni trasmesse via computer che si ispira al famoso DCS1000, usato dall'FBI, e ribattezzato appunto, Carnivore. Il server è progettato per la realizzazione di installazioni *site specific* in cui i dati della rete locale – quindi sempre diversi – vengono trasformati in elaborati creativi (suoni, immagini, animazioni).

GAMEBOY ULTRAF UK: UN EMULATORE AUTO-DEGENERANTE
Posted On: November 16, 2001
Posted In: gameboy, games, software art
Posted By: Valentina Tanni
Url: www.reconnoitre.net/gameboy

La coppia di artisti del software **Tom Corby** e **Gavin Baily** hanno lanciato un programma che simula il famoso videogioco tascabile Gameboy sullo schermo del computer. La loro versione del gioco, scaricabile dal sito, è però programmata per auto-degenerarsi man mano che viene utilizzata. Le immagini, come fossero attaccate da un virus, si sgretolano e si decompongono lasciando apparire in superficie il codice sottostante.I due autori considerano il proprio lavoro una specie di "readymade", realizzato a partire dal free software gnuboy di Gilgamesh e Laguna.

RTMARK E I SITI PARODIA
Posted On: November 22, 2001
Posted In: activism, fake, website
Posted By: Valentina Tanni
Url: www.rtmark.com

L'anti-corporation di attivisti **RTMark**, già nota per una lunga serie di siti "plagiati", come quello che fece arrabbiare George W. Bush qualche anno fa, ha realizzato una parodia del sito del WTO (World Trade Organization) registrando il dominio gatt.org (il Gatt era il vecchio nome del wto). Come in altri casi – ricordiamo vaticano.org, parodiato dagli 0100101110101101.org – il sito è esteticamente identico a quello ufficiale, ma con contenuti detournati e sovversivi. In questi giorni però, dopo aver ricevuto minacce di chiusura dal WTO, il gruppo che gestisce il dominio incriminato ha lanciato un programma chiamato **Yes I will** che, scaricabile liberamente, permette a chiunque di realizzare in pochi minuti un'efficace parodia di qualunque sito scelto.

0100101110101101.ORG E L'HACKING COREANO
Posted On: December 6, 2001
Posted In: net art, performance
Posted By: Valentina Tanni
Url: www.koreawebart.org
www.0100101110101101.org

0100101110101101.ORG colpisce ancora. Il collettivo di net artisti italiani, dopo la serie ormai celebre di plagi eccellenti, mette a segno l'ennesima azione. Stavolta la loro performance ha messo in subbuglio il primo *Web Art Festival* coreano, organizzato da Marc Voge e finanziato dal Ministero della Cultura e del Turismo.

Il progetto, intitolato *FTPermutations*, è stato realizzato il 2 dicembre e ha avuto come obiettivo il sito Web della manifestazione. Gli 0100101110101101.ORG, che disponevano della password per accedere al server, invece di piazzare semplicemente il proprio lavoro nella giusta cartella, hanno rinominato tutte le directory (scambiando i nomi degli artisti), realizzando così la "permutazione" annunciata nel titolo. Con l'ovvio risultato di rendere i link del sito tutti sballati e disorientare il visitatore di turno. Dura la reazione del Ministero della Cultura coreano, che minaccia il curatore, e controverso l'atteggiamento degli artisti coinvolti, la maggior parte dei quali sembra non averla presa troppo bene.

VIDEOGIOCHI MODIFICATI AD ARTE
Posted On: December 18, 2001
Posted In: game art, website
Posted By: Valentina Tanni
Url: www.selectparks.net

I *computer game* hanno sempre stimolato l'attenzione degli artisti, che da anni li usano come piattaforma per le loro sperimentazioni, modificandoli e stravolgendoli. Dal 1996, quando **Jodi.org** lanciò *SOD*, una personalissima versione del noto Castle Wolfenstein, fino ad oggi, gli esperimenti di questo genere si sono moltiplicati. Il sito **Select Parks** contiene un archivio molto fornito di videogiochi riveduti e corretti da artisti-programmatori: dalla versione autodegenerante del Gameboy, il *gameboy_ultraF_uk*, alla decostruzione delle gare automobilistiche dello spagnolo **retroyou**. Disponibili anche testi teorici, strumenti tecnici, una galleria di immagini e una sezione ragionata di link.

LA VITA PRIMA DELL'11 SETTEMBRE
Posted On: December 21, 2001
Posted In: net art, war, website
Posted By: Valentina Tanni
Url: www.beforethewar.com

È stato detto e ripetuto decine di volte, da quel tragico giorno di settembre: "niente sarà più come prima". L'artista **Miltos Manetas**, di origini greche, ma residente negli States da diversi anni, ha realizzato un progetto Web che riflette proprio su questo: com'è cambiata la vita quotidiana dopo l'11 settembre? *beforethewar.com* si compone di una serie di fotografie incorniciate in grandi bolle che attraversano lo schermo fluttuando su onde turchesi. Le immagini, che il sottotitolo dell'opera definisce "le nostre immagini felici prima della guerra", ritraggono l'artista e i suoi amici (tra cui **Mai Ueda**, **Mike Calvert** e **Lev Manovich**) in situazioni allegre, ad esempio mentre nuotano in piscina e giocano con colorati materassini gonfiabili, richiamando alla mente la spensieratezza perduta.

NEL PALMETO DEGLI 80/81
Posted On: January 3, 2002
Posted In: immersive, web art, website
Posted By: Valentina Tanni
Url: www.8081.com

Dopo la valle e il bosco, il collettivo di Web artisti italiani **80/81** ha realizzato il suo terzo ambiente. Nella loro isola verdeggiante è apparso infatti *The Palm Grove*, un palmeto abitato da una variegata fauna. L'esperienza che offre tutto il progetto *Island* è di tipo immersivo, allontanandosi dalla diffusa tecnica ipertestuale e innescando nell'utente un coinvolgimento emozionale indotto dal meccanismo di esplorazione e scoperta. Gli 80/81 hanno di recente annunciato la prossima realizzazione del progetto *Limanora*, un festival internazionale dedicato alla ricerca creativa legata alle nuove tecnologie.

IL LAYOUT È IL MESSAGGIO
Posted On: January 4, 2002
Posted In: browser, net art
Posted By: Domenico Quaranta
Url: www.artcontext.org/act/02/box

L'arte in Rete ha tentato spesso, e con risultati molto diversi, di confrontarsi con lo strumento che traduce il flusso di dati in una pagina ipertestuale e multimediale: il browser. Da *the web stalker* del gruppo **i/o/d** a *Feed* di **Mark Napier** fino ad *Eden.Garden* del collettivo belga **entropy8zuper**, che traduce le tag html negli elementi di un fittizio giardino dell'Eden. Il browser viene stravolto nella sua funzionalità, per dimostrare che quella proposta da Netscape o I.E è solo una delle infinite letture che si possono dare di una stringa di bit, e non necessariamente la migliore.

Con *Boxplorer*, **Andy Deck** vuole offrire una 'visione rettangolare del WWW', trascurando i contenuti per soffermarsi sulla struttura, sulle tabelle e sottotabelle che danno ordine alla pagina Web, e proponendola a sua volta come portatrice di significato. Con ironia, ma anche con un occhio alla tradizione astratta e minimalista.

SEI PUNTATORI PER UN MOUSE
Posted On: January 9, 2002
Posted In: mouse, net art
Posted By: Valentina Tanni
Url: www.ctrlaltdel.org

Peter Luining è un artista olandese che lavora sul rapporto suono-immagine e sulle possibilità interattive del Web. Il suo progetto *pointerpointerpointer*, che fa parte del programma *site specific* della galleria W139 di Amsterdam, fa apparire sullo schermo sei puntatori del mouse contemporaneamente. L'utente può creare composizioni audiovisive "polifoniche" sempre differenti interagendo con le forme geometriche essenziali realizzate in Shockwave. Tutti i lavori di Peter Luining sono raccolti nel suo sito *CtrlAltDel*.

RGB PROJECT
Posted On: January 10, 2002
Posted In: drawing, flash, net art, painting
Posted By: Valentina Tanni
Url: www.rgbproject.com

Si chiama *RGB Project* il sito Web che l'italiano **Mauro Ceolin** sviluppa da circa due anni. Strutturato come un work in progress, il progetto include dipinti ad acrilico, una serie di *vectorial painting* e alcune animazioni realizzate in Flash. L'immaginario di Ceolin è fatto di marchi e icone popolari, personaggi dei fumetti e star del rock. "Come un motore di ricerca impazzito che si svuota improvvisamente di tutti i contenuti, sovrappongo, parole, logos e immagini", dichiara. L'ultimo aggiornamento si chiama *Preferences* ed è una sorta di traduzione visuale di una personale cartella dei "preferiti".

MACIEJ WISNIEWSKI: LA MEMORIA DI INTERNET
Posted On: January 14, 2002
Posted In: browser, exhibition, net art
Posted By: Valentina Tanni
Url: www.netomat.net
www.postmastersart.com

È stata inaugurata sabato a New York la personale di **Maciej Wisniewski**. Il net artista di origini polacche torna così ad esporre negli spazi della Postmasters Gallery nei quali, quasi tre anni fa, aveva presentato l'ormai celebre *Netomat*, un programma che permette di accedere ai contenuti della Rete liberi dalla convenzionale struttura delle pagine Web. Per questa nuova mostra Wisnieski ha realizzato due installazioni multimediali connesse con Internet che utilizzano il suo meta-browser. Le due opere (*3 seconds in the memory of the internet* e *netomatheque*) indagano entrambe sulla struttura profonda della Rete, sul tema della memoria e sullo studio di interfacce alternative. Netomateque, in particolare, è un progetto interattivo che permette al visitatore di instaurare una "conversazione" con Internet attraverso il telefono, esplorando quello che l'autore definisce "il subconscio della Rete".

GIOCHI SENZA TITOLO
Posted On: January 21, 2002
Posted In: game art, net art, software
Posted By: Valentina Tanni
Url: www.untitled-game.org

Jodi.org, il duo più famoso della net.art, ha lanciato da qualche giorno una nuova serie di lavori. Si tratta di quattordici videogames modificati, scaricabili dal sito *Untitled Game*. Impossibile individuare le regole del gioco o cercare di interagire con queste opere secondo i consueti meccanismi immersivi dei computer games: i programmi che troverete nelle quattordici cartelle di *Untitled Game* sembrano avere una vita propria. Una volta lanciati sono in grado di trasformare lo schermo del computer in uno spazio estetico e affascinante, lasciandoci ipnotizzati e disorientati. I tempi di download sono abbastanza lunghi, ma l'esperienza che offrono questi piccoli capolavori è insostituibile.

NET ART AL GUGGENHEIM
Posted On: February 19, 2002
Posted In: museum, net art
Posted By: Valentina Tanni
Url: www.guggenheim.org/new-york/collections/collection-online/show-list/artwork-type/?search=Internet%20Art

Il noto museo newyorkese ha appena presentato le sue commissioni di net art per il 2002. Le opere, che entrano così a far parte a tutti gli effetti della collezione, sono *net.flag* di **Mark Napier** e *Unfolding Object* di **John F. Simon Jr.** Entrambi i progetti esplorano le possibilità di interazione offerte dal Web proponendo dinamiche collaborative: nella creazione di una bandiera del Web sempre mutevole nel caso di Napier, nell'esplorazione dinamica di oggetti, nel caso di Simon. Fonti non ufficiali sostengono che il museo abbia pagato circa 10.000 dollari per opera, ricevendo in cambio il codice e i diritti di esposizione.

MEMENTO MORI
Posted On: February 21, 2002
Posted In: death, net art
Posted By: Paulo Maiora
Url: http://goldberg.berkeley.edu/art/mori

Raffinata installazione *earth-based*, l'opera – creata da **Ken Goldberg** – è visibile anche tramite un'interfaccia in rete, realizzata in Java. È una trasposizione minimale, scia grigia che riproduce i movimenti del suolo, registrati proprio ora (delay permettendo) dal laboratorio sismografico di Berkeley in California. Traccia effimera, sempre sul punto di scomparire, decontestualizzata dalle unità di misura, questa scia rimanda al passare del tempo. Dichiaratamente, dal titolo all'immagine pittorica del cranio, sembra arricchire di paradossale immediatezza (e quindi, di ulteriore urgenza) il malinconico genere della vanitas. Ma solo per confutarlo: nel continuo pulsare della terra percepiamo, ancor più del nostro legame con essa, la sua oscura, prodigiosa vitalità.

L'ESTETICA DEL LOADING
Posted On: February 21, 2002
Posted In: loading, net art
Posted By: Valentina Tanni
Url: http://no-content.net

Il progetto *no-content* è una galleria che mostra in modalità random una serie di animazioni che annunciano il caricamento del sito. In realtà, come è intuibile dal nome del dominio, il sito non ha nessun contenuto, fatta eccezione per i loading stessi. L'autore, l'uruguayano **Brian Mackern**, vuole investigare le possibilità estetiche insite nella creazione di immagini e suoni interattivi "utilizzando il minor numero di byte possibile".

GPS DRAWINGS
Posted On: March 21, 2002
Posted In: drawings, gps, locative
Posted By: Valentina Tanni
Url: www.gpsdrawing.com

Per i Land artist degli anni Sessanta l'attraversamento del territorio e l'atto stesso del camminare erano il fulcro dell'operazione artistica. Quando il viaggio si arricchiva di un vero e proprio intervento sulla natura, questo era percepibile solo grazie ad una visione aerea. Ricordate gli interventi su laghi, isole e distese desertiche di artisti come Denis Oppenheim, Robert Smithson, Michael Heizer? La loro eredità è stata raccolta e "aggiornata" alla luce delle nuove tecnologie da una coppia di artisti inglesi – **Jeremy Wood** e **Hugh Pryor** – che viaggiano intorno al globo a piedi, in macchina e in aereo registrando i propri spostamenti con un ricevitore GPS (Global Positioning System). I loro percorsi sono studiati per tracciare dei disegni sulle mappe che rilevano i loro spostamenti, il più noto dei quali è un elefante, realizzato camminando per le strade di Brighton.

NET ART IN GALLERIA
Posted On: April 9, 2002
Posted In: digital art, gallery, net art
Posted By: Valentina Tanni
Url: www.bitforms.com

La galleria Bitforms di New York, diretta da **Steve Sacks**, è la prima completamente dedicata alle arti "dei bit". La missione di questo nuovo spazio è quella di offrire ai collezionisti diversi modi di apprezzare e acquistare l'arte digitale, attraverso installazioni, software e siti Web, ma anche sculture e stampe a tiratura limitata. Inaugurata nel novembre del 2001 con una collettiva, ha proseguito con **Kelly Heaton** e le sue installazioni realizzate con pupazzi Furby ri-programmati, e la doppia personale di **Golan Levin** e **Casey Reas**. Pochi giorni fa Bitforms ha inaugurato una nuova mostra che ha come protagonisti due tra i più noti net artisti: **Mark Napier** e **Martin Wattemberg**. I due espongono, rispettivamente, *The Waiting Room* (uno spazio virtuale per 50 partecipanti che, interagendo tramite la Rete, danno vita ad una "pittura in movimento") e *The Shape of Song* (un sistema di visualizzazione dei brani musicali).

BRAND VIRUS
Posted On: May 7, 2002
Posted In: language, software art, virus
Posted By: Federica Martini
Url: www.epidemic.ws

Un virus etimologico, *bocconi.vbs*, è stato presentato ieri nell'ateneo milanese dal collettivo [epidemiC] per recuperare i valori semantici e pragmatici originari di un termine (virus) che significa forza, vigore. Applicato alle strategie del marketing virale, il progetto indaga la nozione di distinzione relativa al possesso esclusivo dell'opera d'arte attraverso un meccanismo di distribuzione selettiva del virus: solo alcuni, contratto il *worm*, riceveranno l'invito a visitare il sito dell'università, cui seguirà la creazione di un frammento di codice che, ad ogni avvio del computer, farà comparire il logo della Bocconi in formato ASCII sul monitor. Il contagio selettivo trasformerà il possesso del virus in una questione di status: una provocazione, quella del *brand virus*, lanciata proprio a partire dal centro nevralgico delle ricerche sulla *brand image* e sulla comunicazione aziendale.

UN CUCCIOLO TRANSGENICO VIRTUALE
Posted On: May 16, 2002
Posted In: game, net art, pet
Posted By: Maria Rita Silvestri
Url: www.metapet.net

È stato lanciato ieri *Metapet*, il primo manager virtual game, progettato da **Natalie Bookchin** con **Jin Lee**, **Cathy Davies** and **Mark Allen** degli Action Tank. Il giocatore deve scegliere la società da dirigere fra le aziende fittizie di biotecnologia del 2006 e il metapet che gestirà: il "meta-cucciolo" appartiene ad una nuova generazione di esseri umani geneticamente modificata con il gene dell'ubbidienza di un cane addestrato, pensato per rendere il lavoratore del futuro più leale e produttivo. La sfida alla gestione del primo animale transgenico virtuale è cominciata. Natalie Bookchin dice di aver creato il gioco pensandolo come un manuale di addestramento per aiutare i manager a fare meglio il proprio lavoro. Dunque un progetto che si inscrive in uno spazio diverso fondendo aspetto ludico, arte, biotecnologie e cultura aziendale. *Metapet* presenta inoltre alcuni minigame creati da net.artist come **Plagiarist**, **Amy Alexander**, **Davis & Davis**, **Naomi Spellman** e molti altri.

ACTIVE METAPHORE
Posted On: May 16, 2002
Posted In: software art
Posted By: Valentina Tanni
Url: www.limiteazero.com

Il collettivo italiano **Limiteazero** ha da poco lanciato sul suo sito un nuovo progetto. Si tratta di un Carnivore Client, ossia di un'applicazione del software open-source per sniffare i dati di una rete locale, messo a punto dal gruppo di computer artist **RSG** (Radical Software Group) e vincitore della Golden Nica ad Ars Electronica 2002.

Active Metaphore si concentra sul principio di rivelazione del traffico in Rete e prende il nome da una frase di Marshall McLuhan: "Tutti i media sono metafore attive nella loro capacità di trasformare l'esperienza in nuove forme". Il programma fornisce una rappresentazione del flusso continuo dei dati attraverso la modellazione di spazi tridimensionali e di un feedback sonoro. L'esperimento offre così una modalità inedita di percezione del traffico telematico, in linea con la sperimentazione che i Limiteazero conducono sul tema dell'interfaccia come soglia manipolabile tra l'informazione allo stato grezzo e le sue possibili visualizzazioni.

PIXEL LAB
Posted On: June 3, 2002
Posted In: net art, software
Posted By: Valentina Tanni
Url: www.xs4all.nl/~elout

L'olandese **Elout de Kok**, autore del progetto, parla del *Pixel Lab* come del suo "parco giochi digitale". Il sito contiene tutte le sperimentazioni effettuate dall'artista sul tema del disegno generativo e interattivo, riunendo una galleria di grafiche animate dall'effetto ipnotico. Particolarmente interessante la serie realizzata in Java, caratterizzata da un alto grado di velocità e fluidità, ma risultano sorprendentemente leggeri anche i pezzi in Flash. Sul sito è disponibile anche *Texl*, un generatore automatico di texture, anch'esso scritto in Java, che permette di creare una varietà infinita di sfondi e trame da utilizzare per le pagine Web, per i videogiochi o altro.

MEDITAZIONI ANIMATE
Posted On: June 12, 2002
Posted In: animation, flash, web art
Posted By: Raffaella Albamonte Siciliano
Url: www.hoogerbrugge.com

Han Hoogerbrugge è un webartist olandese di trentotto anni. L'incontro con Internet avviene nel 1996 e Hoogerbrugge si rende ben presto conto che le potenzialità del mezzo sono molteplici. Nascono così i primi esperimenti di GIF animate della serie *Neurotica*: "Mi interessava esplorare a cosa somiglia l'essere vivi oggi, nel mondo in cui siamo, in un modo molto generale", ha dichiarato l'artista parlando della sua prima serie. "Volevo visualizzare lo spirito del nostro tempo attraverso le avventure del mio personaggio. E volevo farlo senza parole, solo con le immagini". La scoperta di Flash è decisiva: Hoogerbrugge si pone il problema dell'interattività dell'animazione e scopre le potenzialità di questo software.

La serie *Neurotica* comprende novanta microstorie, novanta meditazioni animate: folli, surreali, inquietanti, oniriche. Un autoritratto in progress, come lo definisce Antoine Thirion sulle pagine dei *Cahiers du Cinema*, un diario che è anche la scoperta delle possibilità espressive dell'animazione per il Web: una testimonianza quasi archeologica (se pensiamo che risale al 1996) che ci permette di tracciare l'evoluzione del linguaggio di un artista e di toccare con mano le capacità espressive dei linguaggi della Rete.

NET ART ITALIANA IN MOSTRA
Posted On: July 15, 2002
Posted In: exhibition, italy, net art
Posted By: Valentina Tanni
Url: www.javamuseum.org

L'attivissimo **Javamuseum**, guidato dal tedesco **Agricola de Cologne**, ha appena messo online una mostra che fa il punto sulla net art nostrana. Partecipano all'esposizione sia artisti già noti come **0100101110101101.ORG, 80/81, Gruppo A12, Carlo Zanni e Giacomo Verde**, che meno conosciuti come **Ego, Bugs e Francesca di Gregorio**. Gli 0100101110101101.ORG, ormai residenti a Barcellona, presentano il loro intero sito, esempio paradigmatico di *life_sharing*, mentre i torinesi 80/81 espongono il progetto *Island*, affascinante esperimento di ambiente virtuale immersivo. Gli A12, attualmente in mostra a Genova con una bella personale alla galleria Pinksummer sul tema del cinema, presentano *Parole*, dizionario dinamico di architettura, mentre Giacomo Verde e Coniglioviola partecipano con più progetti. Siamo inoltre contenti di leggere la citazione riservata a *Random* nell'introduzione, inserita tra le maggiori riviste italiane di new media art insieme a *Neural* e *Noema*. Sono in mostra anche lavori di: **Caterina Davinio, Carla Della Beffa, Isabella Bordoni, dlsan, Sergio Maltagliati, Domenico Olivero, Speranza Casillo, Luigia Cardarelli** e **Avatar project.**

VIDEOGAME FIABESCO
Posted On: October 22, 2002
Posted In: game art, games
Posted By: Domenico Quaranta
Url: www.tale-of-tales.com

Il castello è quello della Bella Addormentata, circondato da una impenetrabile foresta. Tutti dormono, ma il delicato equilibrio dell'antico sortilegio è stato violato. Invece del principe, ecco apparire una bambina in abito bianco. Da questa variazione sul tema dell'antica fiaba prende le mosse 8, un computer game accessibile nella sua fase progettuale sul sito della **Tale of Tales**, studio nato nel 2002 e dietro a cui si cela il collettivo belga **entropy8zuper**.

Durante la fase di produzione del gioco, che dovrebbe concludersi nel maggio 2003, i due artisti aggiorneranno progressivamente il sito, informando i sottoscrittori su modifiche e aggiunte e coinvolgendoli in una discussione che offrirà al pubblico un ruolo attivo nella creazione del progetto.

IL RITORNO DI VUK COSIC
Posted On: October 25, 2002
Posted In: exhibition, history, net art, surveillance
Posted By: Valentina Tanni
Url: www.ljudmila.org/~vuk/intelligence

Fino a poco tempo fa si definiva ironicamente un "net artista in pensione". Lo sloveno **Vuk Cosic**, autore di opere ormai storiche come *Documenta Done* (clone del sito della manifestazione tedesca) e *History of* *art for airports*, torna invece sulla scena con un progetto inedito. *History of Art for the Intelligence Community* è un client di *Carnivore*, il sistema per sniffare dati messo a punto dagli **RSG** di Alex Galloway, già riutilizzato creativamente da molti net artisti.

Il flusso di informazioni "spiato" viene rappresentato da Cosic usando come interfaccia cinque capolavori del passato: Mantegna, Van Gogh, Cézanne, Malevic e Warhol. Nel sito Web del progetto, Cosic suggerisce due possibili chiavi di lettura: una sull'estetizzazione della sorveglianza (in condizioni normali un'operazione inaccettabile); l'altra legata al pubblico a cui si rivolge. Utilizzare grandi opere del passato aiuterebbe, secondo l'artista, ad avvicinare l'audience non avvezza ai nuovi media e alle loro possibilità estetiche. *History of Art for the Intelligence Community* sarà presentato domani alla Neue Galerie di Graz dove Cosic inaugura una mostra personale.

AFTERNEEN
Posted On: November 11, 2002
Posted In: exhibition, flash, neen, web art
Posted By: Domenico Quaranta
Url: www.neen.org/afterneen

Neen, è noto, è l'arte contemporanea secondo **Miltos Manetas**. Ovvero l'arte praticata dai neenster: un nome prodotto dalla corporation Lexicon (la stessa che ha lanciato nomi come "pentium" o "compaq") riservato alla creatività che si sviluppa nel mondo delle nuove tecnologie e i cui praticanti "glorificano le macchine ma se ne stufano in fretta" "sono identità pubbliche che insegnano alle macchine". I neenster vivono anche in un loro mondo, logicamente virtuale, creato dall'Electronic Orphanage di Manetas in occasione della prima europea di Neen. Stiamo parlando della mostra Afterneen, online ed offline presso la galleria Casco (Utrecht, Olanda) e nella sede dell'E.O a Los Angeles dal 16 novembre al 15 dicembre 2002. Nel Neen World, creato da Manetas in collaborazione con l'architetto **Andreas Angelidakis** e installato nella galleria olandese, sono stati invitati 30 neenster, che parteciperanno alla discussione ed all'elaborazione delle Neen Theories. In aggiunta gli stessi hanno selezionato 10 progetti in Flash che saranno proiettati negli spazi della galleria. I lavori nel complesso peccano un po' di estetismo e di scarsa o nulla interattività, ma fra di essi merita di essere segnalato almeno *Pinga*, un gioco in flash realizzato dai **Future Farmers** per protesta contro gli organismi geneticamente modificati: un vero e proprio "seed saver", in cui l'utente tenta di salvare farfalle e pollini dalla contaminazione con i GMO.

ZOMBIE E MUMMIA
Posted On: November 17, 2002
Posted In: comics, net art
Posted By: Valentina Tanni
Url: www.zombie-and-mummy.org

I protagonisti di questo progetto Web sono una buffa coppia: uno zombie e una mummia. Le loro avventure verranno pubblicate in Rete sotto forma di striscia fumettistica ogni lunedì e possono essere scaricate e visualizzate anche su dispositivi Palm e PDA. Gli autori del progetto, accompagnato tra le altre cose, da un'irresistibile musichetta, sono anche loro una coppia, e molto ben assortita. Si tratta infatti della net artista russa **Olia Lialina**, che si autodefinisce con molta ironia "la nonna della net.art" e dell'artista e musicista tedesco **Dragan Espenschied**. Lo stile grafico e la vena comico-surreale, arricchita da stille malinconiche, è la stessa dei film e soprattutto dei disegni del regista americano Tim Burton. Le prime due vignette, già visibili online, raccontano due storie, tristi e ironiche, sui tentativi (entrambi falliti) dei due orrorifici protagonisti di mettere su una band hip hop e di recarsi a New York in aereo. *Zombie & Mummy* è l'ultima in ordine di tempo delle numerose commissioni del Diacenter for the Arts di New York, impegnata fin dal lontano 1995 nel sostegno dell'arte telematica.

CITTADINI DELLA RETE
Posted On: December 2, 2002
Posted In: exhibition, net art
Posted By: Valentina Tanni
Url: www.netizensonline.it

Inaugura il 4 dicembre alla Galleria Sala 1 di Roma *NETIZENS. Cittadini della rete*. La mostra indaga l'impatto di Internet sulla ricerca artistica contemporanea attraverso il lavoro di cinque artisti. Le opere presentate, pur firmate da creativi "nati e cresciuti" in Rete, mostrano una significativa varietà di approcci al fenomeno Internet, non tutti legati al medium utilizzato. Il World Wide Web diviene, a seconda dei casi, una piattaforma, un canale di distribuzione e interazione, una fonte di ispirazione, un luogo di produzione dell'immaginario.

Negli spazi della galleria – una delle primissime in Europa a dare spazio al panorama net-artistico – convivranno computer e videoproiezioni, videogiochi e dipinti ad olio, installazioni e animazioni. L'obiettivo è quello di mostrare il vasto laboratorio estetico del Web anche a chi non è un netizen, cioè un cittadino del cyberspazio. Gli artisti partecipanti sono: **Cory Arcangel/BEIGE, Elout De Kok, Jodi.org, Limiteazero** e **Carlo Zanni**.

In occasione della mostra verrà lanciato un concorso internazionale per net artisti, il *netizens webprize*, il cui vincitore esporrà l'anno prossimo a Roma, oltre che sul sito Web della manifestazione. Il concorso e la mostra verranno presentati in anteprima oggi a Roma, nella sala conferenze del MACRO (Museo d'Arte Contemporanea di Roma) alle 15.30.

SOFTWARE SPERIMENTALI
Posted On: December 2, 2002
Posted In: processing, software art
Posted By: Luca Bertini
Url: http://proce55ing.net

Il nuovo organismo caotico, mutevole e sistemicamente complesso che il flusso di informazioni contemporaneo nutre, manca di un'adeguata comprensione a causa dell'assenza di flessibili tecniche di visualizzazione.

Proce55ing è lo sperimentale software di programmazione sviluppato da **Benjamin Fry** e **Casey Reas** che si propone come piattaforma aperta per ricercatori e artisti affascinati dalla visualizzazione creativa delle informazioni. Il software è già stato utilizzato per la creazione di interessanti progetti (tra cui *Minitasking*, del tedesco **Schoenwissen**) e sembra essere destinato a rappresentare un importante punto di riferimento in vista dell'evoluzione e dell'esponenziale complessità dei sistemi dinamici di informazione. Ora sul sito ufficiale è disponibile una nuova versione alpha da scaricare e si sono aggiunti due nuovi progetti: *Matchboxes* (dello stesso Schoenwissen) e *the Internet Age* di **Reed Kram**.

LA MAILING LIST DI AHA
Posted On: December 31, 2002
Posted In: activism, community, net art
Posted By: Valentina Tanni
Url: www.ecn.org/aha

Nasce proprio sullo scorcio del 2002 la mailing list **AHA**, dedicata all'attivismo artistico. Un luogo di scambio e discussione tutto italiano che si configura come il proseguimento di un progetto – il progetto AHA, appunto – che si è articolato, durante quest'anno, in mostre, proiezioni e conferenze a cura di **Tatiana Bazzichelli**.

AHA è un territorio di incontro e di dialogo aperto, che va oltre ogni forma di sterile perpetuarsi di nomi e di appartenenze, caratteristiche che oggi connotano largamente il cosiddetto "sistema dell'arte". Uno spazio di confronto e di scambio di conoscenze, una piattaforma comune in cui segnalare, proporre e far crescere collettivamente progetti sulla sperimentazione e l'uso artistico delle nuove tecnologie.

VIDEOGIOCHI MODIFICATI
Posted On: January 17, 2003
Posted In: exhibition, game art, videogames
Posted By: Valentina Tanni
Url: www.montevergini.com

In gergo vengono definite *patch* e sono in grado di trasformare un comune gioco per computer in qualcosa di assolutamente nuovo. Si tratta di aggiunte al codice che possono modificare la superficie delle immagini, cambiando i personaggi o stravolgendo le ambientazioni. Nata come divertimento popolare sulla Rete, la manipolazione dei videogame è divenuta da subito terreno di sperimentazione anche per gli artisti.

Stasera alla Galleria Civica Montevergini di Siracusa la mostra *L'oading* riunisce alcune delle più interessanti sperimentazioni in questo campo. Gli artisti sono dieci e vengono da tutto il mondo: **Mauro Ceolin, Brody Condon, Arcangel Constantini, Corby&Baily, Delire, Victor Liu See-le, Nullpointer, Chiara Passa, Retroyou, Gentian Shkurti**.

ARCHIVIO DI SOFTWARE ART
Posted On: January 24, 2003
Posted In: archive, software art, website
Posted By: Valentina Tanni
Url: http://runme.org

Runme.org è una nuova risorsa per gli appassionati di software art, cioè dell'uso artistico della programmazione. I codici d'artista verranno riuniti in un database aperto e consultabile online, divisi per categorie o per parole chiave. L'idea di costituire questo database è venuta ad **Alexei Shulgin** e **Olga Goriunova**, organizzatori del Festival russo *Read_Me*, dedicato appunto all'indagine di quel territorio di confine dove arte e software culture si incontrano. Seguendo la linea già tracciata durante la scorsa edizione del Festival, in cui tutti i lavori inviati venivano pubblicati sul sito Web della manifestazione, quest'anno l'archivio diventa permanente. Oltre ad ospitare i programmi candidati alla competizione, Runme.org continuerà ad esistere e ad arricchirsi anche dopo la fine di *Read_Me 2.3*. Il bando della manifestazione, raggiungibile con i link in calce, rimane aperto fino al 1 marzo 2003.

PROBLEMI VENDONSI
Posted On: February 12, 2003
Posted In: exhibition, fake, net art
Posted By: Domenico Quaranta
Url: www.aksioma.org/problemarket

Da sempre, il mercato offre al suo bacino d'utenza soluzioni per vivere meglio, andando incontro a bisogni e problemi. Un problema è quindi qualcosa di economicamente redditizio, ma solo in quanto implica una soluzione che qualcuno è sempre pronto a venderti. *Problemarket.com* è una borsa telematica, nata a Lubiana nel novembre 2001, che parte invece da un approccio radicalmente diverso: un problema è una sfida, un valore positivo, e come tale valutabile e vendibile per se stesso, indipendentemente da qualsiasi soluzione. Posizione che ha dimostrato valutando e vendendo dalla sua nascita ad oggi un gran numero di problemi, privati e collettivi (la guerra in Bosnia, la violenza delle forze dell'ordine, i media italiani etc.) Si tratta ovviamente di un fake, di un'iniziativa che, come con altre modalità hanno fatto **RTMark** o **etoy**, mima la struttura, il linguaggio e il funzionamento delle grandi multinazionali per denunciare lo strapotere dell'economia e mostrare come nulla venga preso in considerazione se non produce un rientro economico.

Al problema ecologico sono dedicate le due ultime iniziative dell'azienda, *EkoProFactory* ed *EkoPro*: una fabbrica specializzata nella manifattura di problemi ecologici la prima, un dipartimento per lo studio e la valutazione degli stessi la seconda (come in ogni corporation che si rispetti, la ricerca ha un ruolo decisivo). Le due iniziative verranno presentate in anteprima mondiale presso la galleria A+A di Venezia da oggi 12 febbraio al 29 marzo 2003, in una mostra curata da Aurora Fonda, inaugurata da una conferenza cui parteciperanno **Davide Grassi** e **Igor Stromajer**, fondatori di *Problemarket*. I visitatori potranno acquistare a prezzo ridotto una quota di buco nell'ozono!

...THAT LITTLE DOT IN IT
Posted On: April 11, 2003
Posted In: exhibtion, net art
Posted By: Domenico Quaranta
Url: www.liveart.org/net.art/

Tra 1995 e 1997 un eterogeneo gruppo di artisti avviò, sulle pagine della mailing list *Nettime*, una discussione che passerà alla storia come il *net.art thread.* La storia segue il suo corso, spesso del tutto indipendente dalla volontà di chi vi prende parte: così questi artisti, che per lo più non si identificavano con il termine al centro della discussione e che non si consideravano affatto un gruppo, vennero visti come un movimento omogeneo identificabile con l'etichetta di net.art. Un'arte ironica (anche verso se stessa), decostruttiva, anarchica, ennesima nipotina di Duchamp. Oggi, otto anni dopo e in piena *net.art nostalgia* (Bosma), una mostra organizzata dal Museet for Samtidskunst di Oslo tenta addirittura una 'archeologia' della net.art, presentando il 'momento eroico' dell'operare di **Vuk Cosic, Alexei Shulgin, Olia Lialina, Heath Bunting** e del duo **Jodi**.

La mostra, curata da **Per Platou**, offre nella sua versione online un interessantissimo saggio introduttivo di **Josephine Bosma**, che ironicamente propone le regole di base per la creazione di una stella della net.art, mentre le stanze del museo ospitano, accanto alla solita oggettistica (t-shirt, ecc.), un funereo cuscino violetto su cui riposa il mitico 'dot' ed un'installazione che consente di stamparsi il proprio catalogo, con tanto di codice ISBN. Così, un'operazione che a un primo sguardo potrebbe sembrare l'ennesimo, ormai innocuo episodio di istituzionalizzazione della net.art si rivela un riuscito omaggio al significato più vero di quel puntino posto tra i termini 'rete' e 'arte' (con la 'a' minuscola). Un puntino che irride l'arte e le ideologie della rete, che riduce l'arte all'estensione di un file inesistente e quindi intraducibile, che sbeffeggia sistema dell'arte e sistemi operativi. Senza risparmiare net.artisti, net.art e chiunque prenda la cosa troppo sul serio.

CHIAMA L'800-178968
Posted On: April 16, 2003
Posted In: performance, telephone
Posted By: Maria Rita Silvestri
Url: www.ilnumeroverde.net/info (offline)

Un progetto che ironizza sull'ossessività delle violazioni della privacy e la gratuità dei numeri verdi. Chiama il numero *800-178968* e sarai richiamato all'infinito, questa la performance telematica di **Luca Bertini**. E per far capire meglio l'invasività di certe pratiche, il numero verde una volta che ci avrà agganciati, ci chiamerà e richiamerà, chiedendoci di tornare, entrando a far parte della vostra vita quotidiana. Bertini afferma che la sua preda sia il pubblico ignaro, perché più vulnerabile rispetto a quello consapevole. Consapevoli, chiamerete mai l'800-178968? Non è necessario perché probabilmente vi troverà lui.

NET ART IN BIENNALE
Posted On: June 17, 2003
Posted In: art, exhibition, net art
Posted By: Valentina Tanni
Url: www.labiennale.org

Se nel 2001 le uniche presenze artistiche connesse ad Internet erano ospitate dal Padiglione Sloveno (**Vuk Cosic** e **0100101110101101.ORG** + **[epidemiC]**), quest'anno la net art alla Biennale di Venezia sembra essere in aumento. Segnaliamo **Young Hae Chang Heavy Industries** all'Arsenale, all'interno della mostra *Zone d'urgenza*, a cura di Hou Hanru, allestita in ben due versioni, inglese-coreano e italiano. Nella stessa esposizione è presente anche **Shu Lea Chang** con due progetti: *Burn*, sul tema del copyright e della duplicazione di materiale audio, e *Garlic=Rich Air*, futuribile borsa virtuale in cui la moneta di scambio sono delle enormi teste d'aglio. Lo stesso progetto, in una diversa soluzione allestitiva, dominava la sala principale del Padiglione Taiwanese, sito nel Palazzo delle Prigioni a Piazza San Marco. Coraggiosa la scelta della Romania, che dedica tutto il padiglione al net-project *alteridem.exe_2* di **calin man – Kinema icon**, presentandolo attraverso un efficace allestimento fatto di postazioni schermo e grandi proiezioni. Segnaliamo infine la presenza di *Makrolab* del vulcanico **Marko Peljan**, laboratorio stazione per lo studio dei fenomeni naturali e dei flussi comunicazionali, realizzato presso l'isola di Campalto, in piena laguna.

STOP ALLE TELECAMERE
Posted On: June 18, 2003
Posted In: net art, surveillance
Posted By: Domenico Quaranta
Url: www.appliedautonomy.com/isee

Il problema della sorveglianza elettronica appassiona da sempre artisti e attivisti, che lungo tutti gli anni Novanta ne hanno esplorato i risvolti con installazioni, video, progetti in rete e performance. Proprio in Internet, dove il problema si complica per le diverse possibilità di sorveglianza che le reti rendono possibile, le esperienze sono state numerose, da *Securityland* di **Julia Scher** a *Vopos* degli **0100101110101101.org**, che in un certo senso ne demistifica le potenzialità trasformando la sorveglianza in autosorveglianza.

Collaborando con uno dei collettivi più attivi in questo settore, i **Surveillance Camera Players**, l'**Institute for Applied Autonomy** ha elaborato nel 2001 *I-see*, un'interfaccia Web che offre la possibilità, a chi voglia muoversi per Manhattan evitando di farsi riprendere dalle telecamere nascoste, di elaborare un tracciato sicuro indicando il proprio punto di partenza e di arrivo. Il sistema, che si avvale dell'esperienza maturata dai SCP in anni di performance inscenate davanti ai dispositivi della città, nasce dalla precisa volontà di proteggere dallo sguardo indiscreto delle telecamere tutta una serie di categorie sociali di cui la videosorveglianza mette in discussione non solo la privacy, ma anche la sicurezza personale e la dignità: minoranze etniche, giovani, outsider, attivisti (spiati nei momenti di incontro e discussione come in quelli di dissenso pacifico) e donne, vittime ignare di indegne pratiche di voyeurismo. Il sistema è aggiornabile in tempo reale e consultabile da palmari e computer portatili.

MANETAS, BONAMI E LA PITTURA
Posted On: July 4, 2003
Posted In: flash, neen, net art, painting
Posted By: Luca Bertini
Url: www.francescobonami.com

Registrare decine di domini con spensieratezza e rapidità è molto *Neen*. Soprattutto se lo si fa senza senso, concentrandosi sulla valenza estetica del nome. E pensando al contenuto in un secondo momento.

www.francescobonami.com, l'ultima "operazione minima" targata **Miltos Manetas**, diviene così la coscienza pittorica Neen, o meglio, il suo dogma. Presentato come un lavoro commissionato da Bonami stesso, (che per i più distratti è il curatore dell'ultima Biennale) il sito ci guida verso gli orizzonti di una pittura "geek", trendy e sempre attuale. E altalenando una presa in giro a una presa di coscienza, l'alter-ego di Bonami con un po' di intelligenza, cinismo e darwinismo artistico ci consiglia cosa fare (usare i materiali più costosi per avere poi l'urgenza di vendere) e cosa non fare ("se sai dipingere bene, non dipingere, ma fai animazioni in flash") per renderci interpreti di una pittura da *neenster*, e, perché no, da *neenstar*.

COME DIVENTARE NET.ARTIST
Posted On: August 20, 2003
Posted In: irony, net art
Posted By: Valentina Tanni
Url: www.linkoln.net/lessononeimages

Ai net artisti l'autoironia, per fortuna, non è mai mancata. Parodie, provocazioni e progetti sarcastici sono all'ordine del giorno. Il bersaglio più ricorrente è il presunto "status" di net.artista e la creazione di superstar all'interno del movimento, con tutti gli stereotipi e i luoghi comuni del caso. A fare da apripista ci pensarono **Alexei Shulgin** e **Natalie Boochkin** con il gustoso manifesto intitolato *Introduction to net.art (1994-1999)*. Il testo conteneva alcuni elementi interessanti per la definizione dell'arte della Rete, ma anche un esilarante paragrafo sui "Trucchi per il moderno net.artista di successo". Sullo stesso stile, ma dai toni più concettuali, l'e-book di **Mark Amerika** *How to be an Internet Artist* e la raccolta di auto-interviste *Interview yourself* promossa da **Plagiarist.org**.

La tradizione continua oggi con le lezioni di **Linkoln.net** – già noto per progetti come *Net art Paparazzi, Fuck net.art* e *Complex Net art Diagram* – iniziate con *how to be a net.artist: lesson one: the name game*. L'autore è l'artista e dj brasiliano **Rick Silva**, che firma questa serie di ironici progetti con lo pseudonimo di Abe Linkoln, con ovvio richiamo al logo del sito: un bizzarro Abramo Lincoln con la cresta punk.

Nella prima lezione del corso, inviata per e-mail alle più frequentate mailing list di settore, Abe dà consigli su come scegliere il proprio nome (si hanno più chance di diventare famosi se ci si chiama Mark, come Mark Napier, Mark Tribe o Mark River) e il proprio dominio (corto come jodi.org o lunghissimo come 111111111111111111111111111111111111111111111111 1111111111111.com).

BLOG.ART
Posted On: August 26, 2003
Posted In: blog, net art
Posted By: Valentina Tanni
Url: http://glowlab.blogs.com/blogart

Il fenomeno dei blog non sembra destinato ad arrestarsi. E accanto ai più consueti siti testuali, tra i quali spiccano anche esperimenti letterari, sono da tempo comparsi anche molti esemplari di photo-blog e drawing blog, dove i post sono composti di sole immagini. Ma l'uso creativo della piattaforma di pubblicazione più diffusa della Rete è andato oltre. E dopo la net.art si ipotizza la blog.art. Secondo **Christina Ray**, fondatrice del sito *Blog.art*, (naturalmente un blog anch'esso) quest'ultima sarebbe "un'opera d'arte che utilizza il sistema di personal publishing dei blog come mezzo di espressione. Non dei blog sull'arte, ma il blog come arte."

I progetti presenti finora sono solo cinque (tra cui un blog muto, uno basato sugli acronimi, e uno che sperimenta con Moveble Type) ma il sito è aperto a tutti coloro che vogliano segnalare la propria opera.

PIAZZA NIKE, VIENNA
Posted On: October 15, 2003
Posted In: activism, fake, net art, performance
Posted By: Domenico Quaranta
Url: http://0100101110101101.org/home/nikeground/index.html

A metà settembre, un curioso *infobox* è comparso al centro di Karlsplatz a Vienna. All'esterno, la scritta: "Questa piazza verrà presto rinominata Nikeplatz. Entra per saperne di più". L'operazione è pubblicizzata da un sito e da una consistente attività di volantinaggio. Il progetto prevede, al centro della piazza, un gigantesco monumento che ripropone il famoso 'baffo' della Nike. I cittadini s'incazzano, la Nike (che non c'entra nulla) s'incazza. S'incazza persino molta gente che conosce il significato dell'evento, una performance della premiata ditta di artivisti **0100101110101101.ORG,** colpevole di fare pubblicità indiretta alla corporation. Insomma, il progetto funziona. Funziona nel suo toccare tutta una serie di nervi scoperti, dalla proprietà del marchio all'utilizzo eretico del potere dei media, alla risignificazione simbolica dei luoghi alla distinzione, sempre più labile, tra pubblico e privato, sociale e commerciale. Se i viennesi s'incazzano, invece di dire 'non è possibile', è perché la commercializzazione degli spazi pubblici è già un fatto consolidato, e l'intestazione di una piazza a un brand, quando questo in molti casi già ne determina l'estetica, è solo questione di tempo.

Prodotto con il sostegno del Public Netbase di Vienna, *Nike Ground*, come tutte le operazioni del duo, è un evento performativo di cui *infobox* e sito costituiscono solo il punto di partenza, e di cui le reazioni dei media e del pubblico sono parte fondamentale. Mailing list come *AHA* hanno già avviato interessanti discussioni, per gli articoli di giornale siamo in attesa.

FOTOREPORTER DEL WEB
Posted On: November 18, 2003
Posted In: net art, photography
Posted By: Valentina Tanni
Url: www.internetlandscape.it

Il Web è stato spesso paragonato a un nuovo paesaggio e la navigazione in Rete presenta indubbiamente le caratteristiche del viaggio, dell'esplorazione di nuovi territori. Se non reali, di certo mentali e conoscitivi. E i luoghi che visitiamo rischiano a ogni secondo di scomparire, lasciando il posto ad una laconica pagina "non trovata".

L'artista italiano **Marco Cadioli** ha deciso di trasformarsi in un "fotoreporter" della Rete, documentando le sue navigazioni con vere e proprie collezioni di scatti, realizzati tramite un apposito software e corredati di data e ora. I luoghi scelti per le sue singolari escursioni turistiche sono il più delle volte siti creativi: net art, design, mostre online, laboratori sperimentali. Un viaggio alla ricerca delle zone di confine. Niente gite organizzate.

WEBPAINTINGS
Posted On: December 5, 2003
Posted In: history, painting
Posted By: Domenico Quaranta
Url: www.nomemory.org/webpaint

Per elencare i suoi precedenti ci vorrebbe un lungo e articolato saggio. Conscio del suo pedigree, l'autore stesso ne elenca alcuni ad introduzione del progetto: Jasper Johns e le sue bandiere, On Kawara e le date, Andy Warhol e il pomodoro in scatola, Paik che dipinge schermi televisivi e Manetas che riproduce schermate di videogame. Ma dovremmo citare anche **Claude Closky** e i suoi indici di Borsa, **Alexei Shulgin** con *Desktop Is*, **Carlo Zanni** e le sue icone ad olio su lino. Come tutti i giovani blasonati, *Webpaintings* del net artista francese **Valery Grancher** sembra a un primo sguardo vivere un po' di rendita, pallido fantasma di tanto lignaggio.

Eppure, esercitandosi a dipingere testi di email, e-zine, homepage di portali e motori di ricerca, e immortalando svogliatamente sulla tela banner che scompariranno il giorno seguente, qualcosa di nuovo *Webpaintings* ce lo dice: ci dice quanto ci siamo assuefatti a un certo formato (quello dello schermo) ed una certa estetica; ci svela quanta parte ha assunto la rete nel nostro mondo di immagini, quanto ci annoia e quanto ne abbiamo bisogno. E ci svela una volta di più che le metafore sottese a questo mondo sono sempre le stesse, e che non dobbiamo stupirci se dietro l'home di hotmail ci troviamo la sezione aurea.

SHARE!
Posted On: January 28, 2004
Posted In: blog, drawing, net art
Posted By: Valentina Tanni
Url: www.drawingblog.net

La crew di *Drawingblog*, guidata dalla vulcanica **Helga Franza** ha appena lanciato il progetto *Share!*. Dopo l'esperienza del blog "disegnato", ora la piattaforma creativa si lancia nel network. Tramite un programma painter online è possibile infatti creare, modificare e caricare immagini e/o disegni. Dando vita ad uno spazio visivo condiviso da tutti gli utenti connessi. La tavolozza collettiva Share però non è solo online, ma fa parte dell'installazione della Franza in mostra ad Anteprima – XIV Quadriennale presso la Promotrice delle Belle Arti di Torino. Anche i visitatori della mostra sono invitati a partecipare, insieme agli internauti, alla mutazione continua della piattaforma.

DATABASE DI ARTE VIRTUALE
Posted On: February 11, 2004
Posted In: archive, database, virtual, website
Posted By: Valentina Tanni
Url: www.virtualart.at

L'arte digitale, specie quella di carattere performativo e installativo, è sempre difficile da documentare, studiare, conservare. Perché le tecnologie cambiano e spesso i costi sono alti. E perché, per sua natura, resiste alla frammentazione e alla riproduzione fotografica. Ma la new media art è una realtà da quasi cinquant'anni e impone agli studiosi il dovere della studio e della conservazione. Se non di tutte le opere, almeno di una loro accurata documentazione.

È questo l'obiettivo del primo *Database di arte virtuale*, realizzato dall'Università di Berlino, sotto la guida del Prof. **Oliver Grau**. Il progetto, naturalmente in progress, vede la partecipazione di una vasta comunità di artisti e ricercatori.

Preziosissimo il materiale contenuto, fatto di testi (per ora solo in tedesco), immagini e oltre 100 video.

DAL WEB ALLA TELA E RITORNO
Posted On: February 22, 2004
Posted In: google, net art, painting
Posted By: Valentina Tanni
Url: http://exonemo.com/NP

L'opposizione tra analogico e digitale viene analizzata, spiegata e rimarcata di continuo. In giornali, libri, trasmissioni tv e naturalmente anche sul Web. E gli artisti, sin dalla comparsa delle primissime tecnologie elettroniche, si sono affannati a confrontare i due mondi: quello fisico-materiale e quello fatto solo di numeri e flussi energetici.

Ma la palma per il più astruso progetto artistico sul tema va al duo giapponese **exonemo**, attualmente in mostra presso il nuovissimo Mori Art Museum di Tokyo. *Natural Process* "racconta", con il suo processo realizzativo, il viaggio di una pagina Web dalla Rete al Museo e ritorno.

L'home page di Google è stata infatti catturata come immagine gif, dipinta e appesa in una sala del museo. E fin qui, niente di nuovo. Solo che ora una webcam puntata davanti alla tela rimanda la sua immagine di nuovo in Rete, tramite uno streaming in quicktime. E il cerchio si chiude.

NEWSMAP
Posted On: April 18, 2004
Posted In: news, software, website
Posted By: Luca Diffuse
Url: http://newsmap.jp

Scontato ormai scegliere dal flusso visivo dei media tradizionali le immagini o le sequenze da rielaborare o ricontestualizzare in produzioni artistiche personali. Scontato anche non interessarsi necessariamente ai significati originali delle sequenze così isolate e considerarne il solo peso grafico. Ma la *Newsmap* concepita e codificata da **Marcos Wescamp** (con **Dan Albritton** alla codifica strutturale), attinge invece per la composizione dei suoi *cluster* ai testi (estratti da Google news).

Un'operazione antitetica anche negli esiti rispetto a quella descritta in apertura: è infatti impossibile estrarre da un testo il suo significato anche se questo viene usato come elemento grafico nella costruzione di un *layout*.

La maggiore resistenza che il testo dimostra nei confronti dell'erosione del significato e l'immediatezza visiva della *strip-structure* scelta per la riorganizzazione in tempo reale delle news ne fanno qualcosa di più del consueto "gadget" di generative art. La *newsmap* sembra infatti potersi proporre, al termine del suo percorso riaggregativo, come uno strumento del tutto plausibile di informazione Web.

LA RIVOLUZIONE FATTA A MAGLIA
Posted On: April 8, 2005
Posted In: activism, knitting, new media art
Posted By: Valentina Tanni
Url: www.microrevolt.org

Lei si chiama **Cat Mazza** ed è una giovane artista che studia new media art al Rensselaer Polytechnic Institute. Stufa di lavorare sempre e solo davanti ad uno schermo (anche se l'arte digitale rimane la sua prima passione) ha chiesto a sua nonna di insegnarle a lavorare a maglia. Per rilassarsi e passare il tempo durante i lunghi viaggi in metropolitana. È stato allora che, unendo l'interesse per la tecnologia con il suo nuovo hobby, ha fondato il collettivo *microRevolt*.

Il nome del progetto fa riferimento al concetto di "rivoluzione molecolare" teorizzato dal filosofo francese Felix Guattari, secondo il quale il cambiamento sociale non avviene soltanto tramite grandi movimenti di protesta, ma anche attraverso "piccoli atti di resistenza". Lo strumento di resistenza, per *microRevolt*, è proprio il lavoro a maglia, considerato un atto rivoluzionario in un'epoca in cui tutto è industriale e standardizzato. La polemica più diretta si rivolge in questo caso contro le corporation dell'abbigliamento (come Nike o Gap), per la politica aggressiva ed egemonica e per lo sfruttamento del lavoro femminile e infantile nei paesi più poveri.

Per questo motivo, Cat Mazza e compagni, hanno messo a disposizione sul loro sito, un software chiamato *knitPro* che permette di trasformare qualunque file immagine in un progetto già pronto per essere realizzato a maglia o ad uncinetto. Aldilà delle implicazioni sociali del progetto, è interessante notare come la struttura logica del ricamo e della lavorazione a maglia riveli insospettabili somiglianze con la struttura dell'immagine digitale. Il piccolo punto come il pixel, insomma.

Ma a pensarci bene l'incontro tra il mondo della tessitura e quello dei calcolatori è molto più antico. Non furono infatti le schede perforate dei telai di Jacquard ad ispirare, nell'Ottocento, Charles Babbage nella costruzione della sua macchina analitica?

IL SOGNO CECO
Posted On: April 12, 2005
Posted In: activism, movie, video
Posted By: Domenico Quaranta
Url: http://ceskysen.cz

"Non siamo attivisti, siamo registi", hanno dichiarato **Vit Klusak** e **Filip Remunda** presentando il loro lavoro al festival Influencers, da poco concluso al CCCB di Barcellona. In effetti, se *Cesky Sen* come operazione di media activism ha qualche pecca, come film è un piccolo capolavoro, come dimostra l'accoglienza che gli sta riservando il pubblico internazionale.

Per girare il film, i due studenti della locale scuola di cinema hanno montato una spettacolare operazione di marketing, che sponsorizzava – con spot televisivi, manifesti appiccicati ovunque, un volantino con prezzi estremamente appetibili e una deliziosa canzoncina – la prossima apertura di un ipermercato che in realtà non esisteva. Il loro obiettivo era quello di testare la forza del marketing in un paese in cui quest'ultimo aveva soppiantato da poco la propaganda di regime. Il giorno dell'inaugurazione le centinaia di clienti accorsi si sono trovati di fronte a una semplice facciata, reagendo ora con rassegnazione, ora con violenza, ma anche con amara ironia e straordinario acume al dissolversi di un sogno. Propagandata come "documentary hyper-comedy", e come il primo reality ceco, l'operazione ha avuto una straordinaria visibilità mediatica, diventando anche, in una fase di riflessione sull'ingresso della nazione ceca nell'UE, un autentico caso politico.

SCREAM. L'URLO DELL'INTERFACCIA
Posted On: May 4, 2005
Posted In: sofware art
Posted By: Valentina Tanni
Url: http://scream.deprogramming.us

Un invito a lasciarsi andare, scatenando un urlo liberatorio. Niente autocontrollo, zero gestione della rabbia. In un mondo in cui vince l'esaltazione dello stress management, arriva un software che facilita e potenzia le urla. A ogni vostro grido, sia che stiate litigando con qualche familiare, sia che siate indignati davanti all'ultima notizia di cronaca, l'interfaccia del vostro computer tremerà al ritmo della vostra frustrazione.

Il programma è frutto dell'immaginazione e della bravura della statunitense **Amy Alexander**, già nota per una serie di lavori ad alto tasso ironico (basti pensare al progetto *Interview Yourself*). L'icona del software, che apparirà nella vostra barra delle applicazioni, è naturalmente una stilizzazione grafica dell'urlo più famoso della storia, quello di Munch. Che tra l'altro, in questo periodo, non se la passa bene, dopo il ben noto furto e le recenti insinuazioni sulla sua presunta distruzione. Che si urli anche per la sua restituzione.

KLEE AS SOFTWARE
Posted On: May 11, 2005
Posted In: history, software art
Posted By: Domenico Quaranta
Url: www.numeral.com

Da tempo aveva dimostrato di avere tutte le qualità per una carriera nel mondo dell'arte mainstream: una ricerca che si relaziona con alcune correnti storiche dell'arte americana, come il minimalismo un lavoro sul software molto attento alle sue possibilità di oggettivazione (e di commercializzazione), buoni rapporti con le istituzioni, e con alcune gallerie di punta. A 42 anni, **John F. Simon Jr.** sembra finalmente avercela fatta.

Il Whitney Museum of American Art ha annunciato per ottobre la pubblicazione del suo ultimo lavoro, *Mobility Agents: A Computational Sketchbook*. Il progetto sarà ospitato da *Artport*, la gallery online del museo, e nello stesso tempo sarà acquistabile come libro + CD. Simon ha già un'opera (un pannello LCD) nella collezione del Whitney, e per aprile ha in programma una mostra presso la prestigiosa Sandra Gering Gallery di New York mentre ancora ad ottobre (il 14) inaugurerà la sua prima personale museale, presso l'Alexandria Museum of Art di Alexandria, Louisiana.

Quanto a *Mobility Agents*, si tratta, secondo le parole di Christiane Paul, di un software interattivo che "invita gli utenti a esplorare le variabili base del disegno attraverso il computer. Ogni segno sullo schermo è il risultato di molte decisioni creative e può essere una forma di espressione fortemente individuale". Il lavoro nasce dalla riflessione sui Diari di Klee e sui suoi disegni, che Simon considera "diagrammi di oggetti in movimento e forze invisibili che chiedono di essere attivate".

GOOGLEMANIA
Posted On: May 15, 2005
Posted In: google, net art
Posted By: Valentina Tanni
Url: www.c6.org/toogle
http://grant.robinson.name/projects/guess-the-google
www.iterature.com/adwords
http://art.gen.nz/index.php?page=gs
http://googlehouse.net
www.gwei.org
www.thenetobserver.net/projects/nap_google/napoli_by_googl
e.htm

Nuovo boom di *google projects* tra i creativi della Rete. Dopo la prima ondata, iniziata nel 2003 con il famoso *Google Adwords Happening* del francese **Christophe Bruno** e continuata con esperimenti come *GoogleSynth* di **Paul Andrews** e *GoogleHouse* di **Marika Dermineur & Stéphane Degoutin**, negli ultimi mesi si assiste ad un nuovo proliferare di progetti di net art che sfruttano il famoso motore di ricerca o lo citano esplicitamente. Mentre esistono ben due lavori che rispondono al nome di *Toogle* (un generatore di news dell'italiano **Fabio Franchino**, che ha da poco rilasciato un update che si chiama *2Toogl* e un motore che mixa immagini e parole di **c6.org**), a questi si aggiunge *Gwei (Google Will Eat Itself)*. Gli autori del sito, che si presenta come una piattaforma per e-commerce, hanno riempito le pagine con gli annunci di Adsense, che gli permettono di guadagnare dei soldi (da Google) ad ogni click dei visitatori. Tutti i soldi ricavati verranno investiti in azioni della società americana. Lo scopo è quello di acquistare abbastanza azioni da rilevarla, in modo che Google, in un certo senso, si auto-fagociti. Più scanzonato, sullo stile quiz, *Guess-the Google*, in cui l'utente viene invitato a trovare la parola chiave di una ricerca per immagini i cui risultati vengono mostrati senza didascalia alcuna. Infine, come non ricordare il partenopeo *Napoli by Google*, da poco segnalato dagli autori (**The Net Observer**) su queste pagine.

CINEMA VISCERALE
Posted On: June 1, 2005
Posted In: cinema, installation, interactive
Posted By: Valentina Tanni
Url: www.snibbe.com

Nell'installazione *Visceral Cinema* di **Scott Snibbe** lo spettatore può entrare a far parte del film proiettato (lo storico *Un Chien Andalou*) interagendo con i personaggi e le scene. Tutto avviene tramite l'unione, su un unico schermo di proiezione di molteplici silhouette.

Il noto film surrealista, realizzato da Salvador Dalì e Luis Bunuel nel 1929, si apre ai contributi del riguardante, dando vita a nuove storie. Appena entrati nella stanza, i visitatori vedono sullo schermo un uomo che spinge un pianoforte verso di loro. Ma se si posizionano tra il proiettore e l'immagine proiettata la loro ombra inizia ad influenzare i comportamenti del personaggio sullo schermo. L'uomo fa più fatica e il pianoforte viene respinto indietro" se poi le due ombre si sovrappongono, quella dello spettatore e quella del protagonista del film, quest'ultimo, con una trovata in pieno stile surrealista, si disintegra in mille formiche, che invadono gradualmente l'intero spazio di proiezione.

L'installazione, insieme ad altri tre lavori, è in mostra a Boston presso Art Interactive fino al 3 luglio. Per il 16 giugno è prevista inoltre una serata speciale intitolata *The Andalusian Dog Affair*. Durante l'evento – un party multimediale – gli intervenuti potranno interagire con *Visceral Cinema* mentre guardano la proiezione del film originale.

NETWORK ELITARI
Posted On: June 12, 2005
Posted In: email, net art, Network
Posted By: Valentina Tanni
Url: www.coin-operated.com/projects/bumpnet.html

L'idea è semplice. Stabilire un limite di accesso e regolare l'utilizzo della rete secondo il principio one in / one out: per ogni nuovo utente che si collega, ce n'è uno che viene buttato fuori. Il nuovo progetto di **Jonah Brucker-Cohen** è una rete wireless pubblica regolata però da un criterio assolutamente arbitrario.

Il meccanismo era già stato sperimentato nel contesto delle liste di discussione con il pluripremiato *Bump List*, una mailing list programmata per contenere al massimo 6 iscritti alla volta (rendendo, di fatto praticamente impossibile seguire un thread dall'inizio alla fine). La stessa regola viene ora applicata ad un network senza fili. L'obiettivo del progetto, dal tono ironico e sperimentale, è quello di determinare se, imponendo delle semplici regole alle infrastrutture tecnologiche della comunicazione, i metodi, le consuetudini e i comportamenti degli utilizzatori siano destinati a mutare. Il tipo di limite imposto contribuisce inoltre a spazializzare il network, sottomettendolo ai limiti propri dello spazio fisico.

LE FOTO CHE NON ABBIAMO MAI FATTO
Posted On: July 8, 2005
Posted In: flickr, photo, website
Posted By: Valentina Tanni
Url: www.fixr.org

Quante volte avete rimpianto la vostra macchina fotografica (o il vostro cellulare), magari dimenticata a casa oppure scarica? Per tutti quei momenti che avreste voluto immortalare, ma non l'avete fatto, oggi c'è **Fixr**. Il progetto, ancora in progress, invita gli utenti a descrivere un luogo o una situazione memorabile della quale non possiedono alcuna documentazione fotografica. In cambio, si riceverà un'immagine il più possibile vicina alla descrizione. Da postare su *Flickr*, naturalmente.

POP UP ART
Posted On: August 20, 2005
Posted In: browser, net art, pop up, software
Posted By: Valentina Tanni
Url: www.ctrlaltdel.org/about100windows.html

Conscio della scarsa fortuna che riscuotono le finestre pop up nei progetti artistici, soprattutto a causa di una sempre maggiore diffusione di *pop-up blocker*, **Peter Luining** ha appena lanciato un software che ne apre 100 contemporaneamente. Riallacciandosi ad una tradizione cara soprattutto alla net art degli esordi (si pensi ad *OSS* di Jodi) Luining ha scritto un file eseguibile leggerissimo – sono solo 7k – che, una volta lanciato, genera 100 piccole finestre pop-up vuote. Il progetto ha anche una colonna sonora: ad ogni apertura di finestra la vostra scheda madre genererà un bip tramite l'altoparlante interno, senza bisogno di scheda audio o casse. Per uscire dal turbinio di pop-up, basta premere ESC.

ESTINTORE DI FILE
Posted On: September 7, 2005
Posted In: net art
Posted By: Valentina Tanni
Url: www.ljudmila.org/~vuk/file-extinguisher/

Il titolo è un gustoso gioco di parole, che grazie al cambio di una sola lettera, trasforma *fire extinguisher* (l'estintore) nel provocatorio *file extinguisher*, un distruttore istantaneo di file. È il nuovo lavoro di **Vuk**

Cosic, che torna con una personale.

Commissionato dall'ICA (Institute of Contemporary Arts), il progetto fa parte di una mostra personale che lo spazio londinese dedica al riconosciuto pioniere della net.art. L'estintore di file prende spunto dal famosissimo rapporto "On Distributed Communications", scritto da uno dei padri di Internet, Paul Baran, nel 1960. Secondo Cosic, il rapporto come noi lo conosciamo contiene una terribile omissione, causa dell'attuale vulnerabilità delle reti. Nel progetto originale del network di Baran era contenuto, infatti, un pallino rosso andato perso per colpa delle stampanti in bianco e nero dell'epoca. Il pallino rappresentava un nodo "distruttore di file", l'unica possibile linea difensiva dei network distribuiti. Ora che c'è *The file extinguisher*, scrive Cosic, il Web è "finalmente sicuro".

ABSTRACT CODEX
Posted On: September 11, 2005
Posted In: art, software
Posted By: Valentina Tanni
Url: www.abstract-codex.net

La ricerca di **Alessandro Capozzo** si focalizza nella creazione di software generativi e/o interattivi, realizzati utilizzando il software *Processing* come strumento principale. Il suo sito, *Abstract Codex*, è un contenitore di opere computazionali estetiche.

Il principale obiettivo del progetto consiste nell'indagare le possibilità della programmazione come medium espressivo. In quest'ottica il codice è la materia formante l'opera digitale e allo stesso tempo processo creativo (svelato). Gli algoritmi e le strategie computazionali sono quindi intesi come elementi costruttivi e di organizzazione formale.

BRAIN MIRROR
Posted On: October 4, 2005
Posted In: brain, installation, interactive, interface
Posted By: Valentina Tanni
Url: www.brainmirror.se

Brain Mirror è un'installazione interattiva grazie alla quale l'immagine del cervello del visitatore viene sovrapposta alla sua immagine allo specchio. In questo modo, i movimenti naturali della testa vengono usati come interfaccia per esplorare dinamicamente e in 3D la forma del cervello umano. Gli autori sono svedesi e ungheresi: **Adam Somlai-Fischer, Bengt**

Sjölén e Danil Lundbâck.

L'obiettivo di *Brain Mirror* è quello di creare un'interfaccia semplice e d'impatto, che possa essere compresa ed utilizzata da chiunque senza bisogno di comprendere complicati meccanismi di interazione. Il software di *tracking,* collegato ad un elmetto indossabile, tiene traccia del movimento della testa e lo riproduce su uno specchio trasparente applicato ad un modello tridimensionale del cervello. L'installazione, oltre ad essere dotata di un forte impatto visivo, contiene anche numerosi spunti per la costruzione dei nuovi modelli didattici del futuro.

REMIXANDO IL DNA
Posted On: October 3, 2005
Posted In: art, dna, genetics, software
Posted By: Valentina Tanni
Url: www.genomixer.com

I punti in comune tra la programmazione e la genetica sono evidenti. Cos'è infatti il DNA se non un codice? Seguendo le strade creative che questo parallelo può tracciare, l'artista inglese **Stanza** ha utilizzato un frammento del proprio codice genetico per realizzare il progetto *Genomixer*.

Il sito racchiude una serie di esperimenti generativi composti a partire da questi dati, utilizzati perlopiù per offrire al visitatore inedite composizioni musicali. Le stringhe di codice genetico si trasformano in codice binario e si combinano tra loro per diventare musica.

REMIXING JOSEPH BEUYS
Posted On: October 14, 2005
Posted In: history, net art, remix
Posted By: Valentina Tanni
Url: www.jimpunk.com/Joseph.Beuys
www.mteww.com/mtaaRR/news/twhid/beastie_beuys.html

Joseph Beuys è uno degli artisti contemporanei più amati. Un po' per la sua rarissima capacità di coniugare forma e contenuto, politica e poetica, un po' per il fascino indubbio del personaggio. Molte le citazioni e gli omaggi, che fioccano anche in rete.

D'altra parte, il noto concetto di "scultura sociale", coniato dall'artista tedesco negli anni Settanta, è un serbatoio di spunti per la più giovane arte dei network che, specie agli esordi, lavorò proprio sulla costruzione di relazioni, più che sulla realizzazione di prodotti artistici in senso stretto. Lo stesso **Wolfgang Stahele**, fondatore di *The Thing*, lo citò in alcune interviste come fonte di ispirazione per il suo pionieristico network artistico.

Lo scorso anno **MTAA** mise in rete uno scaricatissimo filmato (*Beastie Beuys*) in cui Joseph Beuys si esibiva come cantante in un'improbabile pop band degli anni Ottanta, cantando un testo estremamente politico come *Sonne statt Reagan*. Il net artista francese **Jimpunk** ha invece lanciato ieri un ascii remix sonoro di una delle tracce più famose dell'artista tedesco, la dadaista *ja ja ja ja ja nee nee nee nee nee*. È il visitatore che può assemblare i suoni, cliccando qua e là sull'inconfondibile sagoma di Beuys, tratteggiata con poche righe parallele.

CRIME SCENE
Posted On: November 22, 2005
Posted In: art, copyright, installation, p2p
Posted By: Valentina Tanni
Url: www.mogensjacobsen.dk/art/crimescene/index.html

La semplicità di duplicazione dei dati digitali e la loro istantanea trasmissione tramite le reti pone, da anni ormai, la nostra cultura di fronte a nuovi interrogativi. Le regolamentazioni sulla proprietà intellettuale e le leggi sul copyright sono al centro di numerosi dibattiti, oltre che protagoniste di procedimenti giudiziari in tutto il mondo. L'artista **Mogens Jacobsen** ha messo in scena, con un'installazione, la scena del delitto. Quello di scambio di software proprietario.

Crime Scene consiste in un piccolo network *peer-to-peer* composto da soli due computer. Le due macchine, il cui schermo è completamente spogliato dell'interfaccia grafica e mostra la scarna schermata di DOS, non fanno altro che scambiarsi file, in un ciclo continuo. La "scena del delitto" è, come si conviene, recintata da un nastro giallo di quelli usati dalla polizia. Sta davvero consumandosi un crimine aldilà del nastro? E chi dovrebbe fermarlo?

OGGETTI DEL DESIDERIO (VIRTUALE)

Posted On: November 26, 2005
Posted In: second life, shopping, website
Posted By: Valentina Tanni
Url: www.objectsofvirtualdesire.com

Il progetto *Objects of virtual desire* esplora il tema della produzione di beni nel contesto di mondi virtuali e mette a punto un sistema di "trasferimento" di questi artefatti immateriali in un'economia reale e tangibile. Una serie di oggetti prodotti e usati dagli abitanti del "mondo online" Second Life (un gioco di ruolo multiutente in rete) sono stati realizzati e sono in vendita.

Sul sito Web del progetto è possibile vedere delle riproduzioni in 3D dei diversi oggetti, che vengono poi costruiti fisicamente e venduti ai clienti su ordinazione. Ogni artefatto possiede un forte valore sentimentale per l'avatar (la persona virtuale) che l'ha costruito o posseduto. Le copie di questi oggetti sono state regolarmente acquistate tramite i meccanismi di economia immateriale che regolano la vita sul "pianeta" Second Life.

Obiettivo del progetto è la riflessione sul rapporto tra materiale e immateriale, sia dal punto di vista del design degli oggetti che dei desideri (reali o virtuali) che innescano.

TAMPOPO

Posted On: November 28, 2005
Posted In: interactive, nature, software
Posted By: Valentina Tanni
Url: www.kentaroyamada.com

Tampopo è un software che esplora le dinamiche di interazione tra uomo e computer. In particolare, cerca di stimolare una risposta emozionale, generandola attraverso un'interfaccia naturale, che si attiva con il semplice atto del soffiare. Protagonista dell'opera, che viene fruita sotto forma di installazione ambientale, è infatti un soffione.

Il fruitore è invitato a soffiare dentro un normale microfono e il flusso sonoro che ne risulta viene inviato al computer. Quest'ultimo fa reagire la grande proiezione luminosa e i semi super-leggeri del soffione vengono sparsi nell'aria. Due o più soffioni tecnologici possono inoltre interagire tra loro. Un soffio sul microfono può infatti influenzare non solo il soffione che lo spettatore ha di fronte, ma anche quelli collegati nel network locale oppure remoto (tramite Internet).

L'autore, il giapponese **Kentaro Yamada** è un artista che utilizza un approccio multidisciplinare, realizzando video, progetti sonori, installazioni interattive, sculture e progetti Web.

NO ANIMALS WERE HURT
Posted On: March 5, 2006
Posted In: movie, net art, video
Posted By: Valentina Tanni
Url: www.noanimalswerehurt.com

No Animals Were Hurt is a short film about **Alan Turing** by **Peter Brinson**. The more views the film receives, the closer it gets to telling his story. The picture plays too quickly while the sound plays at normal speed, but with each visitor the picture slows. After enough visitors, the sound and picture will play at equal speeds, allowing the story to finish. It is indeed short, but it gets longer with each 50 unique visitors. It'll reach its full length upon receiving nearly 5000 unique views. Whether it is at the movie theater or at home, we make decisions when we see a film. We decide to go, and we decide whether or not we recommend it to others. *No Animals Were Hurt* plays on these choices to in order highlight the relative imbalance of what facts are and are not well known about Turing. He is the father of modern computing, an accomplishment that's impact on culture has few rivals. But even many of his biggest fans do not know how and why he died. So if you want to see the end, tell a friend.

THE DUMPSTER
Posted On: April 3, 2006
Posted In: art, blog, interactive, love, net art
Posted By: Licia Mandrioli
Url: http://artport.whitney.org/commissions/thedumpster/

The Dumpster was created by **Golan Levin, Kamal Nigam** and **Jonathan Feinberg** and made possible by support from the Whitney Artport, the Tate Online, and Intelliseek. Version 1.0 of the Dumpster was built in Processing and launched on Valentine's day, 2006: an interactive online visualization that attempts to depict a slice through the romantic lives of American teenagers. Using real postings extracted from millions of online blogs, visitors to the project can surf through tens of thousands of specific romantic relationships in which one person has "dumped" another. The project's graphical tools reveal the astonishing similarities, unique differences, and underlying patterns of these failed relationships, providing both peculiarly analytic and sympathetically intimate perspectives onto the diversity of global romantic pain.

The Dumpster visualizes a fixed collection of 20,000 romantic breakups that occurred during 2005. These breakups were obtained from Web logs ("blogs") posted by people on the Internet. At least half of the authors of these breakups were American teenagers between the ages of 13 and 19.

GOOGLE BONO
Posted On: May 27, 2006
Posted In: fame, google, google maps, locative
Posted By: Valentina Tanni
Url: www.stunned.org/bono/googlebono.htm

Stunned is pleased to announce the *Bono Probability Positioning System version 2: Google Bono*. We know that for a visitor to Dublin an important attraction is the possibility that they may see U2 frontman and international celebrity Bono. *The Bono Probability Positioning System version 2: Google Bono (beta)* is a mashup utilizing Dublin's extensive surveillance camera network in conjunction with facial recognition software, Google Maps and advanced probability techniques to allow visitors to determine the probability of seeing Bono in any of the most probable locations in Dublin's city centre in real time.

IL PREZZO IN BARILE
Posted On: June 19, 2006
Posted In: browser, ecologism, mozilla, net art
Posted By: Valentina Tanni
Url: http://turbulence.org/Works/oilstandard

L'oro non è più uno standard valido per la valutazione della ricchezza? Pensando ai possibili sostituti il primo che viene in mente è senz'altro il suo fratello "nero". Parliamo del petrolio naturalmente, che in barba a tutte le possibili fonti alternative di energia, mantiene il suo ruolo dominante. Ironizza amaramente sul problema l'artista **Michael Mandiberg**, che ha messo a punto, su commissione di Turbulence, un browser a misura "di petrolio". *Oil Standard* converte automaticamente tutti i prezzi in dollari che incontra nelle pagine Web in barili di greggio.

HARD DISK ORCHESTRA
Posted On: June 26, 2006
Posted In: art, installation, music
Posted By: Valentina Tanni
Url: http://harddisko.ch.vu

Quello dell'hard disk è un rumore ormai familiare per milioni di persone. È solo uno dei tanti nuovi suoni a cui la tecnologia ci ha abituato: dal vorticare della lavatrice, alla cantilena dei primi modem (chi non se la ricorda?), fino al sibilo del lettore cd. **Valentina Vuksic**, studentessa di arte elettronica a Zurigo, ha pensato di utilizzare, per la propria musica, i suoni prodotti dal disco rigido del computer. In particolare, l'installazione ne utilizza sedici, rigorosamente difettosi, e li coordina secondo una partitura di tipo orchestrale.

AMAZON NOIR
Posted On: September 7, 2006
Posted In: activism, amazon, book, hacking, net art, software
Posted By: Valentina Tanni
Url: www.amazon-noir.com

After *Google Will Eat Itself*, **UBERMORGEN.COM**, **Alessandro Ludovico** and **Paolo Cirio** propose a subversive online work that questions the inconsistencies in the enforcement of copyright law. Using the aesthetics of Film Noir, a corresponding plot, and protagonist, the project allows users to 'legally' steal and redistribute copyright books from amazon.com.

A programmed software-bot is going to outwit Amazon's "search-inside-the-book" system and will be capable of using the search results to compile entire books. The project points out the hypocrisy of the digital copyright lobby. Past work of the group has infiltrated mainstream media outlets, bringing questions about civil rights, patent, copyright and democracy in the digital age to wide audiences. The proposed project will enter into direct conversation with media, legal and business entities and consumer behaviors.

The piece, supported by Edith Russ Site for Media Art, is a performative media-installation and thus continues the historical tradition of happenings and performance art. Provoking reactions from conventional media and business is an integral part of the project.

P2P ART
Posted On: September 16, 2006
Posted In: art, p2p, video
Posted By: Valentina Tanni
Url: www.p2p-art.com

Art made for – and only available on – the peer to peer networks. The original artwork is first shared by the artist until one other user has downloaded it. After that the artwork will be available for as long as other users share it. The original file and all the material used to create it are deleted by the artist. There's no original. *P2P Art* is a project from Swedish media artist and filmmaker **Anders Weberg**.

PACKET GARDEN
Posted On: January 30, 2007
Posted In: art, net art, software
Posted By: Licia Mandrioli
Url: www.packetgarden.com

Packet Garden, developed by **Julian Oliver**, captures information about how you use the Internet and uses this stored information to grow a private world you can later explore. To do this, *Packet Garden* takes note of all the servers you visit, their geographical location and the kinds of data you access.

Uploads make hills and downloads valleys, their location determined by numbers taken from Internet address itself. The size of each hill or valley is based on how much data is sent or received. Plants are also grown for each protocol detected by the software" if you visit a website, an 'HTTP plant' is grown. If you share some files via eMule, a 'Peer to Peer plant' is grown, and so on. None of this information is made public or shared.

Packet Garden is an artwork commissioned by Arnolfini. It is developed using open source software components and can be freely downloaded.

GAZIRA BABELI: COLLATERAL DAMAGE
Posted On: April 12, 2007
Posted In: art, exhibition, second life, software
Posted By: Valentina Tanni
Url: www.gazirababeli.com

On April 16th 2007, the ExhibitA gallery on the Odyssey simulator within the online virtual world called Second Life, will present the first comprehensive look at the pioneering work of **Gazira Babeli**. Gazira is an artist creating works within Second Life and a member of **Second Front** – the first performance art group in Second Life.

Gazira labels herself a "code performer" and indeed the code is at the heart of her work, tying it to the system at a deep level and reaching out to the viewer in ways that inherent to the SL platform. Her pieces are alive with scripts created using the Linden scripting language – a core component of Second Life. A Campbells soup can that is a trap, and a self proclaimed menace disguised as pop art, encases the viewer and takes him on a ride proclaiming "you love pop art, pop art hates you" until the unsuspecting avatar manages to run fast enough to escape. The sky filled with question marks, a vengeful tornado, these are a few of Gaz's signature works that can be seen on her site.

In the spirit of open source – Gazira has licensed much of her code via creative commons, and you can download it for your own use on her site.

GEOGOO
Posted On: January 26, 2009
Posted In: art, google, net art, software
Posted By: Valentina Tanni
Url: http://geogoo.net

Jodi.org, the Belgian-Dutch duo pioneer of Net Art, explores the relations between the world we build through the Internet and the one based on our past mental and physical maps. Their latest project *GeoGoo* is connecting the long tradition of tracing geometry on the ground with the new geometries one can draw on the surface of the Earth as proposed by online tools such as Google Maps and Google Earth.

THE INTERNET PAVILION
Posted On: June 1, 2009
Posted In: art, biennale, exhibition, net art
Posted By: Valentina Tanni
Url: www.padiglioneinternet.com

At the 53rd Venice Biennial, a completely new pavilion will be presented – the Internet Pavilion. With the theme for this year's biennial, "Making Worlds", it is only logical that the Internet is represented, for the first time, by a pavilion of its own. The Internet is a new part of our world that has never been represented in Venice. It is a different territory from the existing pavilions. The Internet is not defined by physical or geographical borders, nationalities, or a specific language. The Net is still new and developed with such speed that its legislation, as well as its impact on our lives, is under constant redefinition. The Internet is transforming our lives and senses; it is transforming the way we behave, communicate, share information and develop ideas. As this is what we often say art does, it is of special interest to present the Internet Pavilion at the Venice Biennial.

The Pavilion is composed by two websites:

- *PadiglioneInternet.com*, hosts a collaboration by **Miltos Manetas** and **Rafael Rozendaal**. It will open on June 03 and similar to the physical buildings of the Biennial, it will close down in November.

- *Biennale.net*, holds the discussion and the history of the project and at the same time, it is the "entrance" for a number of collateral exhibitions and projects.

AIDS-3D
Posted On: June 15, 2009
Posted In: art, installation, kitsch, net art, performance, video
Posted By: Valentina Tanni
Url: http://aids-3d.com

AIDS-3D (Daniel Keller and Nik Kosmas) is a Berlin-based collective whose work touches on both technological utopianism and digital kitsch. Their installations, performances, and Internet-based work use these themes to flippantly engage with the unmet promises of the twentieth century: religious enlightenment, sexual liberation, artistic freedom, and human progress through technological advancement.

PETRA CORTRIGHT
Posted On: August 11, 2009
Posted In: art, digital culture, gif, net art, video
Posted By: Valentina Tanni
Url: www.petracortright.com

Petra Cortright is a young artist living in Santa Barbara (California). Her work, consisting in digital images and videos, is both conceptually deep and visually entertaining. Languages, myths and aesthetics of Web culture, especially the outdated ones (ascii drawings, 8bit graphic, animated gifs) are the raw material for her creations, that are lively, funny and somehow disturbing. This "low-res" and "fast" quality is, in the end, what makes this work so powerful.

In Petra's own words: "I try to be better at this but i am a really impatient person. gifs and webcams are so fast, low file size, load fast, they are almost scraps. i like not having the commitment of working with hi def vid/images. it just sucks how serious you have to be, it requires too much thinking. gifs are lil treasures of the Internet, its so great when you stumble onto a huge unknown index that you hadn't seen before."

AIRPORT
Posted On: August 21, 2009
Posted In: art, festival, installation, nature, travel
Posted By: Valentina Tanni
Url: www.electroboutique.com

Air-port is a new media installation by **Electroboutique** (Aristarkh Chernyshev, Alexei Shulgin, Inna Astafieva), shown at Archstoyanie festival, in Russia. Huge information display with flights schedule in an imaginary airport is situated directly in the forest, between trees, grass and bushes. It works, information is constantly renewed in compliance with flights schedule. Displayed time is real. Moreover from time to time one can hear voice announcements typical for airports.

In humorous and ironic tone the authors confront nature and techno-civilization directly. Without offering immediate decisions of ecological and architectural problems, this project expresses hope for possibility of other, non-antagonistic co-existence of nature and civilization.

HEADBANG HERO
Posted On: September 6, 2009
Posted In: art, game, installation, interactive, interface, music
Posted By: Valentina Tanni
Url: www.headbanghero.com

Headbang Hero, by **Tiago Martins**, **Ricardo Nascimento** and **Andreas Zingerle** is a music/dance video game for testing and improving your headbanging prowess. A special wig is used as a game controller, feeding motion data to the game software. The game analyses in real time how well your headbanging follows the rhythm of the music. You are awarded points for your personal headbanging choreography… but you should be aware that your health is at risk! To stress this point *Headbang Hero* also analyses how hazardous your performance is. As opposed to what happens in games where the player is in control of an avatar, in *Headbang Hero* what matters is the player's own health. The game keeps track of two distinct aspects of the player's performance. The first is the player's (potentially heroic) sense of style and rhythm as he headbangs along to the music. The second is the amount of health damage the player is causing himself in the quest to become a hero. When the game ends the player receives a printed health report based on his performance analysis. Included in this report are tips on how to improve the performance and advice on how to avoid injuries.

ETHEREAL SELF
Posted On: September 20, 2009
Posted In: mirror, net art, webcam
Posted By: Valentina Tanni
Url: www.etherealself.com
http://etherealothers.com

Ethereal self is a net art work by dutch artist **Harm van den Dorpel**. Landing on the project's page activates the visitor's webcam, transforming the browser into a diamond-shape mirror. So far, the work is quite fun and thought provoking, but it really gets exciting when you find out (mostly by chance, since it's not linked on the artist's website) the second part of the project: the *Ethereal Others* website.

Here, all the screenshots from the webcam activity are constantly archived, on a non-stop refreshing page. Hundreds of people looking in the computer's screen, which is both a mirror and a window...

THE AUGMENTED SCULPTURE PROJECT
Posted On: September 20, 2009
Posted In: art, augmented reality, installation, sculpture
Posted By: Valentina Tanni
Url: www.pablovalbuena.com

The Augmented Sculpture Project, by **Pablo Valbuena**, focuses on the temporary quality of space, investigating space-time not only as a three dimensional environment, but as space in transformation.

For this purpose two layers are produced that explore different aspects of the space-time reality. On the one hand the physical layer, which controls the real space and shapes the volumetric base that serves as support for the next level. The second level is a virtual projected layer that allows controlling the transformation and sequentiality of space-time.

The blending of both levels gives the impression of physical geometry suitable of being transformed. The overlapping produces a three-dimensional space augmented by a transformable layer suitable to be controlled, resulting in the capacity through the installation of altering multiple dimensions of space-time. These ideas come to life in an abstract and geometric envelope, enhanced with synesthetic audio elements and establishing a dialogue with the observer.

TEMPORARY.CC
Posted On: November 13, 2009
Posted In: net art
Posted By: Valentina Tanni
Url: www.temporary.cc

Virtual data isn't subject to decay like traditional media. Despite this, we can still lose personal data to disk failure, viruses, or accidental deletion. Unlike personal data however, data on the Internet has a seemingly infinite shelf-life. Between search-engine caching, cloud-hosting, re-blogging, plagiarizing, and the way-back machine, the net collects and eternally stores vast amounts of information.

Temporary.cc, by **Zach Gage**, skews this paradigm. For each unique visitor it receives, *Temporary.cc* deletes part of itself. These deletions change the way browsers understand the website's code and create a unique (de)generative piece after each new user. Because each unique visit produces a new composition through self-destruction, *Temporary.cc* can never be truly indexed, as any subsequent act of viewing could irreparably modify it.

Eventually, like tangible media, *Temporary.cc* will fall apart entirely, becoming a blank white website. Its existence will be remembered only by those who saw or heard about it.

REMAP BERLIN
Posted On: December 7, 2009
Posted In: google, google maps, locative, photo
Posted By: Valentina Tanni
Url: www.marcomanray.com/remap-berlin/

Remap Berlin, by **Marco Cadioli** aka **Marco Manray**, spreads a thin geographical virus in Google Earth and deals with different levels of reality. The project introduces a series of b&w photographs shot in Twinity, a mirror world that reproduces a realistic 3D replica of Berlin. The photos shot in Twinity, are then geo-localized in Google maps, re-mapped from virtual to real and positioned in the exact point where they have been shot in the mirror world. Once uploaded in the photo sharing community Panoramio, the pictures are mixed up with other ones shot in the same geographical point from real life users.

Many of these pictures have been selected by Google and can now be found as "Popular photos in Google Earth": his became a little geographical virus, parts of our memories of the real world. The photographs are cityscapes, shot by Marco Manray roaming around the still empty streets of Berlin in the beta version.

INFINITE GLITCH
Posted On: January 26, 2011
Posted In: glitch, software, video
Posted By: Valentina Tanni
Url: http://infiniteglitch.com

Every day an incomprehensible number of new digital media files are uploaded to hosting sites across the Internet. Far too many for any one person to consume. *Infinite Glitch*, by **Ben Baker-Smith**, is a stream-of-consciousness representation of this overwhelming flood of media, its fractured and degraded sounds and images reflecting how little we as an audience are able to retain from this daily barrage.

Infinite Glitch is an automated system that generates an ever-changing audio/video stream from the constantly increasing mass of media files freely available on the Web. Source audio and video files are ripped from a variety of popular media hosting sites, torn apart, and recombined using collage and glitch techniques to create an organic, chaotic flood of sensory input.

GHOST TOWN
Posted On: January 30, 2011
Posted In: google, google street view
Posted By: Valentina Tanni
Url: http://nm.merz-akademie.de/ghosttown

The Ghost Town project was started the day Google Street View launched in Germany, in late 2010, by **Arne Huebner**, **Daniel Stäbler**, **Chris Heller** and **Theo Seeman**. Germany blocked Street view for a very long time, and when it was finally allowed, most of the buildings were blurred to protect the inhabitants privacy. Shocked by the look of their home town, Stuttgart – "a town filled with shower cubicles", Seeman says – they decided to start an online project that poses the question about the sense/nonsense of this privacy mania:

"It started the day Google Street View was launched in Germany and is aimed to put focus on blurred real estates in Stuttgart to contribute to the controversially discussed question of privacy in a Google age. We started at Killesberg, where a quite high amount of blurred houses is located and interestingly the bold and the beautiful live. Step by step every blurred house of Street View in Stuttgart should be built as 3D model and put back in a Google Earth KMZ file, while their shapes are not original but geared to their blur layers."

Ghost Town is a project built at Merz Akademie during Attention Design workshop with Manuel Bürger in 2010.

ZIMOUN
Posted On: February 22, 2010
Posted In: installation, sound
Posted By: Valentina Tanni
Url: www.zimoun.ch

Zimoun focuses on creating installations and sound sculptures, usually in connection with mechanical features, movement and physically generated sounds. His creations are graceful, mechanically harmonized works of poetic playfulness – simple yet complex, the result of repetitions with slight irregularities caused by routine and coincidence.

Zimoun uses simple components. Through mutual interference and interaction these generate complex sound structures and movements. He often works with a great number of identical mechanical industrial elements, which he then manipulates and prepares for his creations. His interest lies in the artistic research of resonance, space, movement, simplicity, materials and generative systems. The result is an artificially generated yet seemingly organic behavior of these installations and sound sculptures.

BETWEEN BLINKS & BUTTONS
Posted On: March 14, 2010
Posted In: new media art, photography
Posted By: Valentina Tanni
Url: www.blinksandbuttons.net

Between Blinks & Buttons, by **Sascha Pohflepp**, is a twofold thesis project about the camera as a networked object. Through making their photos public on the Internet, individuals create traces of themselves. In addition to their value as a memory, each image contains a multitude of information about the context of its creation.

Through this meta-information, every image is linked to the precise moment in time when it was taken, making it possible to see what happened simultaneously in the world at that instant. This work tries to focus the user's imagination on that other, to create narratives that run between one's own memory and a stranger's moment which happened to coincide in time.

THE BIRD WATCHER
Posted On: May 7, 2010
Posted In: animal, art, nature, net art, twitter
Posted By: Valentina Tanni
Url: www.andregoncalves.info/installations/thebirdwatcher/

The Bird Watcher is the latest work by software artist **André Goncalves**: "Several accounts where created on Twitter, one for each of the birds listed below. A Java application, developed in processing, is used to update the twitter status for each of the birds according to each species particular behavior (ex. owls can only be heard at night, roosters sing at sunrise...). The application also gets xml weather reports from the Yahoo Weather Report which also differently affects the species behavior. This application is running 24/7 from a dedicated computer installed at my studio. A Master account called The_BirdWatcher follows all birds tweets."

MINI MUSEUM OF XXI CENTURY ARTS
Posted On: September 21, 2010
Posted In: curating, digital frame, museum
Posted By: Valentina Tanni
Url: www.theminimuseum.org

The MINI Museum of XXI Century Arts (also known as MMAXXI) is a 7" digital photo frame bought on eBay equipped with a 4GB pen drive. Founded and directed by **Domenico Quaranta**, the MINI Museum has been designed to store and display the art of the XXI century – that is art that takes, has taken or can take digital form, at some time in its life, and can thus be stored on a USB pen drive and displayed on a digital photo frame.

The *MINI Museum* will travel from node to node around a network of artists, and will host temporary solo shows by the artist owning it at the time. All the artworks shown in the *MINI Museum* will enter the permanent collection of the Museum itself. The Museum will return to the Director when there is no more storage space left. The process is scheduled to start on October 15, 2010, when the *MINI Museum* will officially be given to its first "temporary owner". The *MINI Museum* addresses issues of copyright, ownership, networking, versioning, sharing, curating, collecting and displaying, but also of space and time, scale, history-making, preserving and forgetting.

RIVERTHE.NET
Posted On: October 7, 2010
Posted In: net art, random, tag, video, website
Posted By: Valentina Tanni
Url: www.riverofthe.net

Ryan Trecartin just launched his new project, named *Riverthe.net*, a collaboration with Tumblr founder **David Karp** (programming by Nick Hasty and Sergio Pastor). Trecartin explains the concept in this interview:

"In *River The Net* (riverthe.net), [first conceived as Project Ten back in April] you can upload a ten second or less clip, anonymously, and you have the option of giving that video three tags. When you go to the website, there's no interface, you're immediately confronted with a video playing full-screen. It picks a tag randomly, and follows that tag. Basically, it creates a situation where there's a movie made by everyone and the plot arc is the life of a tag. One of the things we kept talking about was wanting to see the interface move inside the content, rather than surrounding the content."

IN THE LONG RUN
Posted On: October 20, 2010
Posted In: tv, video
Posted By: Valentina Tanni
Url: www.iocose.org

In the Long Run (2010) by art collective **IOCOSE** is a reconstruction of a possible future high profile media event. The death of pop star Madonna is described in a BBC News special edition, with a journalist and studio guest who go over the details of the fatal car accident, the statements of the VIPs and the reactions of fans around the world.

It is not a true story, but neither is it improbable. All TV networks prepare obituaries about famous people to put on air in the event of an unexpected death. The death of an international figure is not just predictable, it is actually predicted in the video files kept up to date in their archives.

In the Long Run is not a fake; it does not attempt to look realistic and it does not expect the viewer to believe in the contents or that the video actually belongs to a famous news network. But it undoubtedly says that when the event takes place, it will be reported in these terms.

In reconstructing the future in the past tense, *In the Long Run* is a catalyst for endless narratives and interpretative developments. Likely or unlikely, inevitable or imminent, but existing in potential form, like the narration of an event that never took place.

WALKSPACE
Posted On: November 17, 2010
Posted In: app, iPhone, urban, walking
Posted By: Valentina Tanni
Url: www.walkspace.org

WalkSpace is an alternative walking art app for the iPhone to let you navigate the city in a new and unexpected way. A selection of cultural and everyday routes are remapped to your current location, these routes range from cultural trails such as routes from James Joyce's Ulysses to individual daily walks. Walks can be shared with photos and route maps and users can add their own routes to the app.

WalkSpace is designed to take you places you mightn't otherwise go, to see familiar places in a new light opening a window to chance encounters and experiences. The app is inspired by the Situationist *dérive* acting as a locative media version of the classic experimental technique for re-enchanting the city.

A walk route is generated based on your current location. Each walk has waypoints along the route and as you navigate your route you will be given the option to take a photograph at each one which will then appear as a pop-up on tapping the waypoint pin. When the walk is completed you can share a map of the route of your walk and the photographs you took along the way by email.

WalkSpace is a locative media art project by **Conor McGarrigle** with programming by **Emer MacDowell** and is now available as a free download from the appstore.

Ringraziamenti

Gianni Romano, perché il primo articolo sulla net art che ho letto l'ha scritto lui.
Silvia Bordini, per aver accettato e difeso la mia tesi sulla net art.
Giovanni Sighele, per avermi installato un CMS quando non sapevo nemmeno cosa fosse.
Massimiliano Tonelli, per aver suggerito il nome "Random" in una calda estate siciliana.
Domenico Quaranta, per la fratellanza in questa avventura decennale.
Fabio Paris, perché l'idea di questo libro è anche un po' sua.
Carlo Zanni, per aver disegnato il logo più bello che la storia ricordi.
Andrea Natale, per tutti i domini che abbiamo registrato insieme. E per molto altro.
Carlo Giordano, perché tra net e art ci vanno due punti e non uno solo.
Luca Diffuse, perché è un vero fan.
Sergio, Luisa e Silvia Tanni, per l'amore e la pazienza.

E, naturalmente, tutti i collaboratori che negli anni hanno scritto su Random:

Raffaella Albamonte Siciliano, Francesco Antolini, Laura Barreca, Luca Bertini, Francesca D'Antona, Francesca de Nicolò, Dlsan, Luca Fanelli, Marco Enrico Giacomelli, Luna Gubinelli, Damiana Luzzi, Rachele Maffia, Paulo Maiora, Licia Mandrioli, Lucia Mariani, Federica Martini, Daniele Movarelli, Santa Nastro, Luigi Pagliarini, Monica Ponzini, Claudio Sichel, Maria Rita Silvestri, Alice Spadacini, Lino Trinchini.

E ancora:

Lorenzo Baliva, Renato Baliva, Vincenzo Bassi, Valentina Bernabei, Bianco-Valente, Marco Cadioli, Vito Campanelli, Alessandro Capozzo, Pier Luigi Capucci, Antonio Caronia, Nilo Casares, Mauro Ceolin,

Gianluca del Gobbo, Marco Delogu, Marco Deseriis, Martina Fellaco, Mario Gerosa, Enrico Glerean, Pericle Guaglianone, Flaminio Gualdoni, Salvatore Iaconesi, Mirko Innocenti, Tommaso Labranca, Salvatore Lacagnina, Luca Lampo, Emiliano Liberatori, Simona Lodi, Emanuele Luchetti, Alessandro Ludovico, Marco Mancuso, Monica Mariotti, Silvia Marocchi, Andrea Natella, Rafael Pareja, Emiliano Paoletti, Oriana Persico, Leandro Pisano, Antonella Pisilli, Cristiano Poian, Manolo Remiddi, Elena Giulia Rossi, Mary Angela Schroth, Alberto Scotti, Alfredo Sigolo, Anna Simone, Ilaria Tursi, Franco Zeri, Marica Zottino.

Acknowledgments

Gianni Romano, because he wrote the first article about net art I ever read.
Silvia Bordini, for accepting and supporting my thesis about net art.
Giovanni Sighele, for installing a CMS on Random when I didn't even know what it was.
Massimiliano Tonelli, for suggesting the name "Random" during a hot sicilian summer.
Domenico Quaranta, for the brotherhood during this ten year long adventure.
Fabio Paris, because the idea of this book belongs to him, too.
Carlo Zanni, for designing the coolest logo ever.
Andrea Natale, for every domain name we registered together. And much more.
Carlo Giordano, because between the words "net" and "art" we should put two dots instead of one.
Luca Diffuse, because he's a real fan.
Sergio, Luisa e Silvia Tanni, for all the love and patience.

And, of course, thanks to all the smart people who contributed to Random over the years:

Raffaella Albamonte Siciliano, Francesco Antolini, Laura Barreca, Luca Bertini, Francesca D'Antona, Francesca de Nicolò, Dlsan, Luca Fanelli, Marco Enrico Giacomelli, Luna Gubinelli, Damiana Luzzi, Rachele Maffia, Paulo Maiora, Licia Mandrioli, Lucia Mariani, Federica Martini, Daniele Movarelli, Santa Nastro, Luigi Pagliarini, Monica Ponzini, Claudio Sichel, Maria Rita Silvestri, Alice Spadacini, Lino Trinchini.

And also:

Lorenzo Baliva, Renato Baliva, Vincenzo Bassi, Valentina Bernabei, Bianco-Valente, Marco Cadioli, Vito Campanelli, Alessandro Capozzo, Pier Luigi Capucci, Antonio Caronia, Nilo Casares, Mauro

Ceolin, Gianluca del Gobbo, Marco Delogu, Marco Deseriis, Martina Fellaco, Mario Gerosa, Enrico Glerean, Pericle Guaglianone, Flaminio Gualdoni, Salvatore Iaconesi, Mirko Innocenti, Tommaso Labranca, Salvatore Lacagnina, Luca Lampo, Emiliano Liberatori, Simona Lodi, Emanuele Luchetti, Alessandro Ludovico, Marco Mancuso, Monica Mariotti, Silvia Marocchi, Andrea Natella, Rafael Pareja, Emiliano Paoletti, Oriana Persico, Leandro Pisano, Antonella Pisilli, Cristiano Poian, Manolo Remiddi, Elena Giulia Rossi, Mary Angela Schroth, Alberto Scotti, Alfredo Sigolo, Anna Simone, Ilaria Tursi, Franco Zeri, Marica Zottino.

Outro

Ah, dimenticavo… dopo dieci anni, Random cessa le pubblicazioni. L'archivio completo, e il file di questo libro, saranno però sempre disponibili al solito indirizzo:

www.random-magazine.net.

Ah, I almost forgot… after ten years Random ceases publication. However, the complete archive and the file of this book will be always available at the usual address:

www.random-magazine.net.

www.random-magazine.net